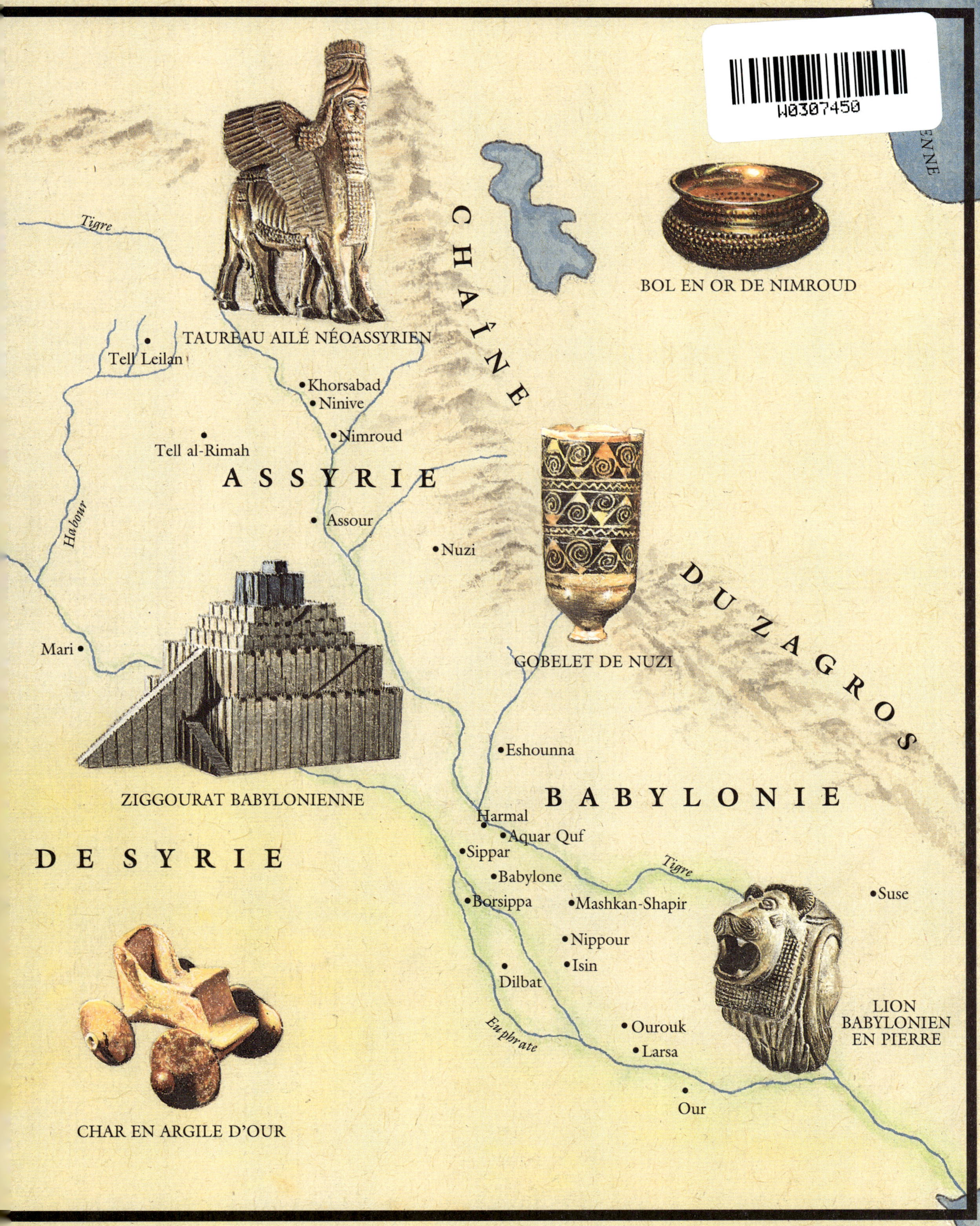

Tigre
Tell Leilan
TAUREAU AILÉ NÉOASSYRIEN
Khorsabad
Ninive
Nimroud
Tell al-Rimah
ASSYRIE
Habour
Assour
Nuzi
CHAÎNE DU ZAGROS
BOL EN OR DE NIMROUD
GOBELET DE NUZI
Mari
ZIGGOURAT BABYLONIENNE
DE SYRIE
Eshounna
BABYLONIE
Harmal
Aquar Quf
Sippar
Babylone
Tigre
Borsippa
Mashkan-Shapir
Suse
Nippour
Isin
Dilbat
Euphrate
Ourouk
Larsa
Our
LION BABYLONIEN EN PIERRE
CHAR EN ARGILE D'OUR

LA MÉSOPOTAMIE

GRANDES CIVILISATIONS DU PASSÉ
RESPONSABLE DE LA COLLECTION:
Dale M. Brown
Directeur administratif: Philip Brandt George

Équipe rédactionnelle pour: *La Mésopotamie*
Directrice artistique: Ellen L. Pattisall
Documentaliste: Charlotte Fullerton
Rédacteurs: Charlotte Anker (responsable), Russell B. Adams Jr.
Rédacteurs/documentalistes: Robin Currie, Jacqueline L. Shaffer
Secrétaire de rédaction: Mary Elizabeth Oelkers-Keegan
Coordination de l'iconographie: Catherine Parrott
Assistante d'édition: Patricia D. Whiteford

Édition française:
Direction: Dominique Aubert
Secrétariat de rédaction: Catherine Cullaz, Anna Skowronsky
Composition: Paulette Poussin
Traduit de l'anglais par:
Bernadette Saurel

Avec la collaboration, à Londres, de:
Emma Wishart (fabrication)

Titre original: *Mesopotamia: The Mighty Kings*

ISBN: 2-7344-0726-4.

Contributions spéciales: Anthony Allan, Timothy Cooke, Ellen Galford, Donál K. Gordon, Barbara Mallen, David S. Thomson (texte); Nancy Blodgett, Anna Gedrich, Ellen Gross, Maureen McHugh, Eugenia S. Scharf, Bonnie Stutski, Elizabeth Thompson (documentation); Roy Nanovic (index)

Correspondants: Elisabeth Kraemer-Singh (Bonn), Christine Hinze (Londres), Christina Lieberman (New York), Maria Vincenza Aloisi (Paris), Ann Natanson (Rome). Une aide précieuse a été également apportée par: Angelika Lemmer (Bonn); Nihal Tamraz (Le Caire); Marlin Levin (Jérusalem); Martha de la Cal (Lisbonne); Judy Aspinall (Londres); Elizabeth Brown, Daniel Donnelly (New York); Saskia Van de Linde (Pays-Bas); Ann Wise (Rome), Traudl Lessing (Vienne)

Conseillers:
James A. Armstrong est conservateur adjoint des collections du Semitic Museum de l'université Harvard. Il a une grande expérience des fouilles au Proche-Orient, ayant notamment travaillé sur plusieurs sites en Irak et en Jordanie. Envoyé en Irak par la fondation Fulbright, il dirigeait les fouilles à Tell al-Deylam en 1989-1990, quand les recherches furent arrêtées en raison de la guerre du Golfe.

Elizabeth C. Stone, professeur adjoint d'anthropologie au suny, Stony Brook, a. pendant quelque vingt-cinq ans fouillé en Iran, en Irak et en Syrie. Utilisant les informations textuelles et archéologiques, l'analyse des images transmises par satellite, les photographies aériennes, et les estimations géographiques, elle s'est spécialisée dans l'organisation de l'ancienne civilisation mésopotamienne et ses rapports avec l'environnement.

Paul E. Zimansky est diplômé en langues et en civilisations proche-orientales de l'université de Chicago. Professeur adjoint au département Archéologie de l'université de Boston, il a participé à beaucoup de fouilles au Proche-Orient durant les deux dernières décennies. Parlant couramment plusieurs langues, dont le français, l'allemand, le turc, le russe, l'arabe, le hittite et l'akkadien, il a donné des cours de linguistique et de langues oubliées, relatives tant à l'archéologie qu'au Proche-Orient.

TIME LIFE

CUISINES RÉGIONALES DE FRANCE
LA PUISSANCE DU MENTAL
GRANDES TRADITIONS CULINAIRES
J'APPRENDS EN M'AMUSANT
GRANDES CIVILISATIONS DU PASSÉ
MES LIVRES PRÉFÉRÉS
VOYAGE À TRAVERS L'UNIVERS
LES ENFANTS DÉCOUVRENT...
CHEFS-D'ŒUVRE DE LA PEINTURE
LES MYSTÈRES DE L'INCONNU
PEUPLES ET NATIONS
LA PLANÈTE TERRE

Ce volume fait partie d'une collection qui, grâce aux découvertes des archéologues et autres spécialistes, fait revivre les peuples anciens et leurs cultures.

Couverture: Avec sa luxuriante barbe bien peignée le puissant roi assyrien Assournazirpal, qui régna au IXe siècle av. J.-C., regarde fixement devant lui depuis sa statue qui autrefois ornait un sanctuaire dans l'ancienne capitale Nimroud. À l'arrière-plan apparaît le seuil en pierre délicatement sculpté d'une porte du palais royal de Ninive.

Pages de garde: Malcolm Chandler

Illustrations de la chronologie: Paul Breeden

30 29 28 27 26 25 24 23 22 21 20 19 18 17 16 15 14 13 12 11 10 9 8 7 6 5 4 3 2 1

Composition photographique par Tallon S.A. Type & Prepress, Bruxelles, Belgique.
Photogravure par The Lanman Companies, Washington D.C., États-Unis.
Impression et reliure par Arnoldo Mondadori, Vérone, Italie.
Dépôt légal: juillet 1995.

GRANDES CIVILISATIONS DU PASSÉ

LA MÉSOPOTAMIE

par les rédacteurs des éditions Time-Life

ÉDITIONS TIME-LIFE, AMSTERDAM

TABLE DES MATIÈRES

U N

LE SOLEIL DE BABYLONE

Pendant des siècles et des siècles, des voyageurs ont traversé sans s'attarder les mornes déserts de Syrie et d'Irak, ne se doutant point qu'à quelques mètres de la piste qu'ils suivaient des villes s'élevaient autrefois dans un paysage verdoyant, des villes désormais enfouies sous de mystérieuses buttes dénudées. Au reste, un spectateur non averti aurait eu beaucoup de mal à déceler les vestiges de palais et de temples prestigieux sous la lumière crue d'un soleil éblouissant. Mais l'archéologue français André Parrot n'était pas un simple observateur ignorant du passé. Parcourant dans les années vingt ces étendues désolées battues par les vents, il saisit, ainsi qu'il l'a dit, les «harmoniques» des premières réalisations de l'humanité, «une orchestration de grands noms: Hammourabi, Nabuchodonosor», qui évoquaient à ses yeux non seulement ces personnages fabuleux de l'histoire ancienne, mais aussi des scènes entières tirées de la Bible.

Ce personnage à la barbe soignée, qui porte une coiffure royale, est, pense-t-on, Hammourabi, grand roi de Babylone au IIe millénaire avant notre ère. Durant son règne, Hammourabi étendit son pouvoir à toute la Mésopotamie.

André Parrot, pendant qu'il recherchait les traces du passé glorieux de la Mésopotamie, vivait dans «des huttes de roseaux qui sont comme des fours à midi et des glacières à minuit», et il lui fallait se défendre contre «les mouches agressives et obstinées; les scorpions qui rampent au pied des murs et se dissimulent parfois dans la literie; les vipères cornues cachées dans les décombres des ruines et dont la morsure entraînait une issue fatale en quelques minutes même pour la plus robuste des victimes.» Cependant, vint le moment, au cours d'une journée de chaleur torride en janvier 1934, alors qu'il se trouvait en Syrie sur une butte appelée Tell Hariri, à une vingtaine de kilomètres de la frontière irakienne, où il put se dire, considérant la précieuse petite statuette blanche qu'il tenait dans le creux de sa main, que ses efforts n'avaient pas été vains.

Cette statuette, comme des dizaines d'autres précédemment déterrées par Parrot et son équipe, avait été déposée à cet endroit quatre mille cinq cents ans auparavant en guise d'offrande votive à Ishtar, la personnalité féminine la plus importante du panthéon assyro-babylonien, représentant la planète Vénus, déesse de la Fécondité, de l'Amour et de la Guerre, à qui, bizarrement, était appliqué, à ce dernier titre, le qualificatif de «virile». Mais, à la différence des autres statuettes, celle-ci portait une inscription, gravée sur l'épaule droite en caractères cunéiformes, indiquant le nom du personnage représenté et lui associant le nom du site qui n'avait pas été identifié jusque-là. Ce personnage souriant n'était autre que le souverain amorrite Lamgi-Mari, maître du puissant royaume de Mari, rival de Babylone, qui, au début du IIe millénaire av. J.-C., s'étendait sur plus de trois cents kilomètres le long de l'Euphrate. Qui plus est, Tell Hariri se révélait être, comme le soupçonnait déjà André Parrot, le site de la capitale depuis longtemps disparue de ce royaume.

Tell Hariri se trouve à quatre cents kilomètres environ au nord des ruines de Babylone, dans cette plaine alluviale d'Asie antérieure qui couvre quelque deux cent quarante mille kilomètres carrés et qu'on appelle Mésopotamie — «pays entre les fleuves» — parce qu'elle se situe entre le Tigre et l'Euphrate. Dans les derniers siècles de sa grande époque, la Mésopotamie ne constituait pas un seul pays mais deux, avec, au sud, une région aride et plate, la Babylonie, et, au nord, une contrée vallonnée plus verdoyante et plus fertile appelée

Assyrie, du nom de sa première capitale première capitale, Assour.

La Babylonie revendiquait fièrement l'héritage de Sumer, région correspondant à la basse Mésopotamie, où la vie urbaine était apparue il y a près de six mille ans. Dans cette région, vers l'an 2000 avant notre ère, une vie riche et diversifiée se développait depuis plus de mille ans dans des agglomérations nombreuses et populeuses. La productivité des terres était assurée par l'irrigation grâce à l'abondance des eaux du Tigre et de l'Euphrate. Au nord, dans les hautes terres assyriennes, le climat était moins chaud et les champs n'étaient arrosés que par la pluie. Les villes dans cette région étaient très étendues mais moins densément peuplées que celles de Babylonie. Toutefois ces différences géographiques n'avaient nullement affecté les mentalités et le comportement des habitants du nord et du sud. En dépit de certains particularismes, les Assyriens partageaient une même culture avec les Babyloniens, dont la civilisation était plus ancienne.

Le Nord et le Sud allaient finir cependant par s'affronter, comme on pourra s'en rendre compte à la lecture de cet ouvrage, chacun étendant à son tour sa domination à l'ensemble de la Mésopotamie, tout en subissant de temps en temps des interventions extérieures. Sous le règne des souverains mésopotamiens les plus ambitieux, les limites de l'empire furent repoussées bien au-delà des deux fleuves — au sud, jusqu'au golfe Persique; au nord, jusqu'au Taurus; à l'est, jusqu'au pied du Zagros; à l'ouest, jusqu'à la Méditerranée.

Les archéologues divisent les quinze siècles d'histoire de la Mésopotamie antique en quatre périodes qui sont le paléobabylonien ou paléoassyrien (2000 à 1600 av. J.-C.), le mésoassyrien (1600 à 1000 av. J.-C.), le néoassyrien (1000 à 605 av. J.-C.) et le néobabylonien (605 à 539 av. J.-C.). En ce qui concerne la première période, les études effectuées à ce jour ont surtout porté sur la Babylonie.

L'histoire de cette période, caractérisée par de grands progrès techniques et de remarquables réalisations culturelles, fut marquée aussi par les guerres, les tremblements de terre, les inondations et les incendies qui, de façon périodique, dévastaient les villes construites en terre crue. Certaines étaient reconstruites au même endroit, d'autres ailleurs. Mais, à la fin, quand les dernières furent définitivement abandonnées par leurs habitants, le vent, la pluie et le soleil brûlant firent d'elles ces buttes dénudées que l'on peut voir aujourd'hui et que les autochtones appellent *tells.* On en a dénombré six mille seulement en Irak. Ils étaient considérés par certains des premiers explorateurs comme la matérialisation d'une prédiction du prophète Sophonie, qui annonçait: «Il [Yahvé] étendra aussi sa main contre le Nord et il fera périr Assour; il fera de Ninive une désolation, une terre aride comme le désert. Au milieu d'elle gîteront des troupeaux, des animaux de toute espèce, même

La gracieuse divinité représentée sur ce relief en terre cuite est Ishtar, pensent certains spécialistes, mais d'autres font valoir que les pattes et les ailes d'oiseau de la statue ne correspondent pas aux représentations habituelles d'Ishtar, qui, en tant que déesse de la Guerre, a son image généralement associée à celle du lion et du matériel militaire.

la hulotte, même le hérisson passeront la nuit dans ses chapiteaux... »

En dehors des indices que l'on pouvait récolter dans la Bible et chez quelques auteurs classiques comme Hérodote, historien grec du Ve siècle av. J.-C., on ne savait pas grand-chose des peuples de la Mésopotamie antique. Mais, au milieu du siècle dernier, quelques chercheurs occidentaux commencèrent à fouiller sous la poussière des tells. Ce qu'ils découvrirent déclencha parmi les archéologues une longue course au trésor pleine de péripéties, menée par une série de personnages pittoresques qui, se fiant à leur instinct, se livraient à des hypothèses extravagantes et néanmoins ingénieuses. À l'occasion, ils se laissaient entraîner dans de dangereuses luttes pour le pouvoir en cette partie du monde qui, à l'époque comme aujourd'hui, constituait un des points chauds de la planète. Toutefois, leurs découvertes et celles que firent au siècle suivant d'autres chercheurs mieux équipés et à l'esprit plus scientifique, tel André Parrot, ont permis de se faire une idée plus nette d'une civilisation complexe que l'on commence à peine maintenant à comprendre. De plus en plus nombreuses sont les traductions que l'on possède des inscriptions laissées par les Mésopotamiens eux-mêmes sur des tablettes d'argile ou sur la pierre, et c'est ainsi que des hommes restés muets pendant des millénaires peuvent de nouveau se faire entendre.

En 1935, un an après la découverte de la statuette de Lamgi-Mari, André Parrot et les autres membres de l'expédition archéologique française retournèrent à Mari pour une nouvelle campagne de fouilles. Ils étaient pleins d'espoir mais ne pouvaient certainement pas imaginer combien spectaculaires seraient leurs prochaines trouvailles.

L'émotion s'empara de l'équipe quand fut mis au jour un dédale formé par une succession de murs atteignant pour certains une hauteur de quatre mètres et demi. Peu à peu, il devint clair que ces murs devaient avoir appartenu à un palais de très grandes proportions, la plus grande résidence de l'époque, « une véritable ville dans la ville », selon les termes de Parrot. Il couvrait en effet près de deux hectares et demi et comprenait deux cent soixante salles, dont deux salles du trône, des couloirs innombrables et plusieurs cours intérieures.

Sur cette photo prise en 1935, on dégage la statue d'un personnage barbu, Ishtoup-Iloum, roi de Mari vers 2100 av. J.-C. Elle était tombée de l'escalier qui conduisait à la salle du trône du palais de Zimrilim. Le roi est représenté pieds nus et mains jointes dans une posture de prière caractéristique de l'époque. La statue est conservée aujourd'hui au musée d'Alep, en Syrie.

Le palais ayant été détruit par un incendie et abandonné, certaines parties étaient encore dans un remarquable état de conservation. « On aurait dit que la vie venait à peine de s'arrêter », écrit André Parrot. Les baignoires en terre cuite, une fois débarrassées de leurs gravats, se révélèrent prêtes à l'usage; les canalisations étaient intactes et ne nécessitaient aucune réparation. Les jarres en terre cuite qui contenaient jadis l'huile, le vin ou le grain étaient parfaitement alignées. Les fourneaux étaient chargés de charbon et semblaient attendre le moment d'être

LES ORIGINES DU PREMIER SYSTÈME D'ÉCRITURE

Les Babyloniens et les Assyriens ont hérité de l'écriture cunéiforme, premier système d'écriture que le monde ait connu. Ils se doutaient certainement de son ancienneté mais ne pouvaient connaître son origine, et c'est de nos jours seulement qu'elle a pu être retracée.

Tout a commencé dans les années 1850, quand des chercheurs, comparant diverses inscriptions de textes identiques, les unes rédigées en babylonien et les autres dans des langues d'accès plus facile, réussirent à décoder les signes mystérieux. Ayant appris à déchiffrer cette écriture, ils commencèrent à se demander quelle pouvait être son origine, et ils parvinrent pour la plupart à cette conclusion assez naturelle que l'écriture cunéiforme avait commencé par des images qui, plus tard, s'étaient transformées en signes abstraits.

Dans les années soixante-dix, l'archéologue franco-américaine Denise Schmandt-Besserat mit en doute cette opinion pourtant largement répandue. Elle a réuni depuis une masse impressionnante de faits montrant que cette écriture est apparue vers 3200 av. J.-C., soit plus de mille ans avant l'essor de Babylone et de l'Assyrie, à une époque où les agents du fisc, qui se servaient depuis longtemps de jetons de terre cuite pour inventorier des articles tels que moutons, grain ou huile, commencèrent à dresser leurs inventaires en imprimant dans l'argile humide la marque de leurs jetons aux formes distinctives.

Très vite, ils se mirent à utiliser d'autres marques encore sur leurs tablettes d'argile, et bientôt les jetons furent eux-mêmes remplacés, d'abord par des bâtonnets pointus, puis par des roseaux à bout triangulaire qui allaient donner son nom à l'écriture cunéiforme (du latin *cuneus,* qui signifie «coin»).

On verra ci-contre comment les empreintes, d'abord figuratives, sont devenues ces signes abstraits de l'écriture cunéiforme qui ont permis aux scribes babyloniens et assyriens de laisser une documentation incomparable sur les brillantes civilisations auxquelles ils appartenaient.

Cette tablette d'argile qui date de 3100 av. J.-C. environ, soit d'un siècle à peine après la naissance de l'écriture, recense 33 jarres d'huile. Elle a pu servir à un agent du fisc pour noter le chargement d'une embarcation. Le nombre est représenté par des empreintes de jetons, trois en forme de larmes représentant les dizaines et trois empreintes rondes représentant les unités. La nature du contenu est indiquée par la représentation en creux d'une jarre d'huile traditionnelle.

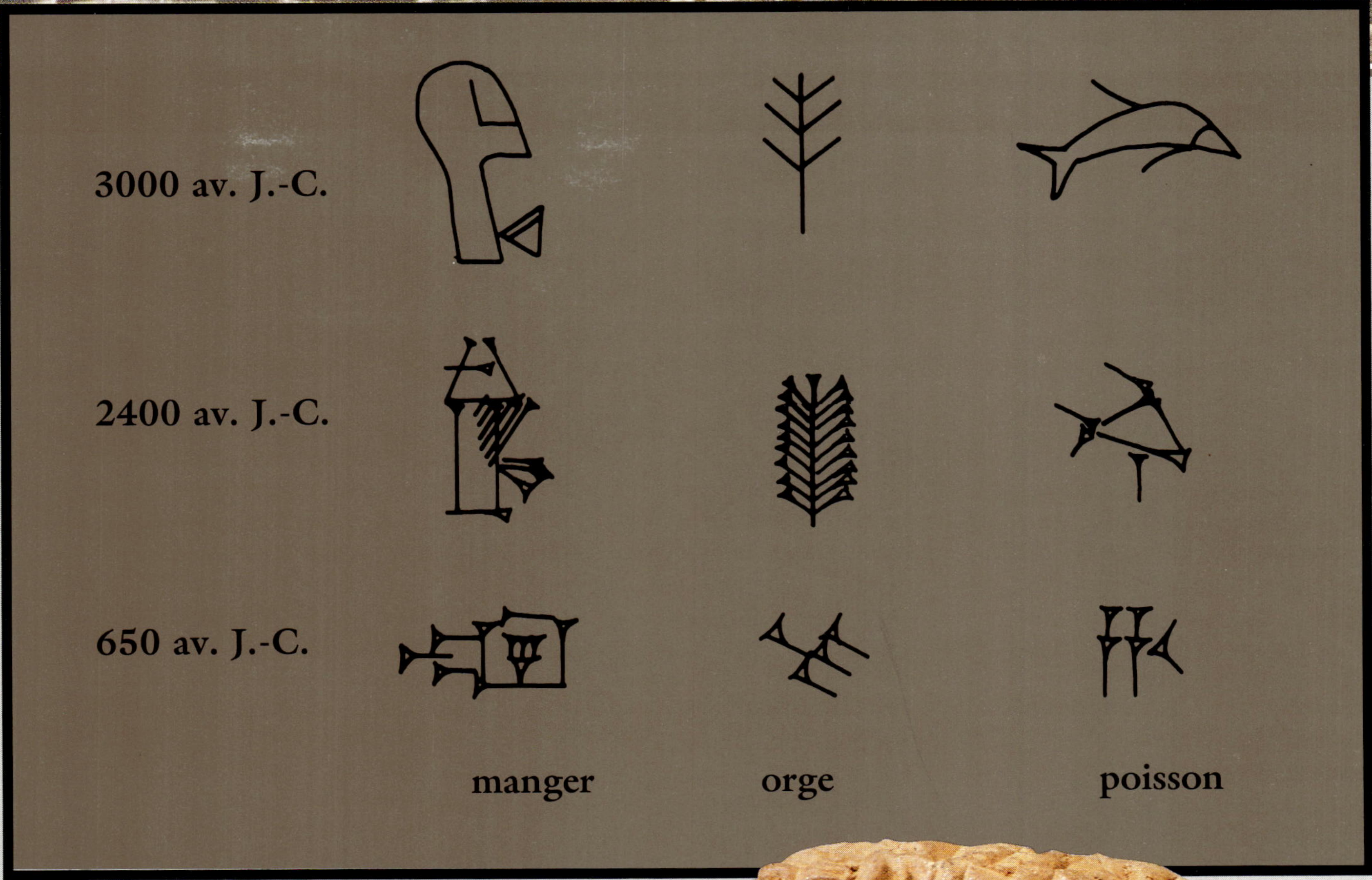

Les premiers pictogrammes (rangée du haut), *représentant des termes de la vie quotidienne tels que «manger», «orge» et «poisson», se sont transformés au fil des siècles en signes abstraits qu'un scribe armé d'un style à l'extrémité en forme de coin traçait assez rapidement.*

Sur cette tablette qui date de 1900 av. J.-C., un commerçant mécontent se plaint d'avoir reçu un chargement de cuivre contenant moins de métal rouge qu'il n'en avait commandé. La tablette, ici représentée un peu plus grande que nature, est placée dans une enveloppe d'argile portant l'adresse du destinataire et le sceau de l'expéditeur. On se servait souvent d'enveloppes de ce genre pour se préserver des indiscrétions et empêcher que l'on pût falsifier des documents importants.

allumés. La cuisine était équipée d'une cinquantaine de couverts raffinés en terre de formes diverses, une quantité suffisante pour dresser la table royale. L'équipe n'eut aucun mal à reconnaître les appartements privés du roi. D'après l'archéologue, «ils avaient été aménagés dans un coin de la construction, bien isolés et parfaitement protégés. Ainsi le roi et les membres de sa famille pouvaient-ils vivre dans une parfaite intimité, à l'abri des regards indiscrets.»

Les méthodes scientifiques de datation et le déchiffrement des inscriptions ont montré que cette merveille architecturale avait été édifiée au XVIIIe siècle avant notre ère par le roi de Mari, Zimrilim, à l'emplacement d'un palais de plus petite taille construit quelques siècles auparavant. L'équipe française a notamment mis au jour un clou de fondation, enfoncé dans la maçonnerie de l'édifice, qui porte ce texte: «Iahdoun-Lim, fils de Iaggi-Lim, roi de Mari, de Touttoul et du pays Hana, roi fort qui contrôle les rives de l'Euphrate, [le dieu] Dagan proclama ma royauté. L'arme puissante qui abat les ennemis, il me la donna. En suite de quoi, sept rois, en vérité, qui avaient combattu contre moi, je fis prisonniers. Leur pays j'annexai. Les dommages des rives de l'Euphrate, j'effaçai, et mon pays en paix je fis demeurer. Des canaux j'ouvris. Je fis perdre dans mon pays l'habitude d'aller puiser de l'eau. Je construisis la muraille de Mari et je creusai son fossé. En outre, dans des terres brûlées, en un lieu de soif auquel jamais un roi n'avait donné de nom, où aucun roi n'avait construit de ville, j'en creusai le fossé... J'agrandis le pays, les fondements de Mari et mon pays j'affermis. Ainsi j'éternisai mon nom.»

En examinant attentivement les ruines, André Parrot découvrit des peintures murales qui, pour certaines, avaient été endommagées par les flammes. D'autres étaient réduites à l'état de fragments si nombreux que, pour les reconstituer, les spécialistes durent les assembler comme les pièces d'un puzzle. Ces peintures dont les couleurs avaient gardé leur vivacité et leur fraîcheur illustraient la puissance et l'importance du souverain de Mari. Mais elles devaient sûrement perdre de leur éclat devant la vision qui s'offrait à un sujet du roi quand il se trouvait directement en sa présence. Le visiteur était d'abord conduit à travers une succession de salles jusque dans une vaste cour intérieure. Franchissant ensuite l'entrée qui donnait accès à la salle d'audience, il découvrait des peintures murales dont le panneau central représentait l'investiture de Zimrilim. La partie qui en reste montre le roi debout devant Ishtar, la déesse «virile», campée dans une attitude martiale, le pied posé sur un lion et brandissant une masse d'armes, symbole de son autorité, entre deux têtes de lions dressées sur ses épaules. De voir son souverain en compagnie d'une déesse ne pouvait manquer de remplir de fierté le visiteur, lequel suivant son guide pénétrait dans la grande salle de réception

Sur cette portion de peinture murale de 45 centimètres de largeur, provenant du palais du roi Zimrilim à Mari, un prêtre portant un châle à franges mène au sacrifice un taureau paré d'un pendentif en forme de croissant attaché à l'extrémité dorée de ses cornes. La peinture, mise au jour en 1935 par l'archéologue français André Parrot, a été restaurée à partir des fragments qui subsistaient.

à toiture de cèdre qui pouvait accueillir des centaines de fonctionnaires et d'ambassadeurs. À l'autre extrémité de cette salle comble, il apercevait enfin le monarque assis sur son trône et semblable à un dieu, autant qu'un simple mortel pouvait l'être.

Si les constructions, les peintures murales et les objets mis au jour à Mari peuvent aisément donner matière à de telles imaginations, les textes découverts sur place par les archéologues fournissent quantité

Ces deux fragments d'une poterie vieille de 3800 ans présentent, en écriture akkadienne, une série d'exercices et de problèmes de géométrie destinés à des écoliers babyloniens. On demande ici aux élèves de calculer les superficies de diverses portions de carrés, ce qui n'était pas inutile dans une société où les terres agricoles consistaient en longues bandes rectangulaires de dimensions diverses.

d'informations concrètes sur la vie en Mésopotamie au XVIIIe siècle avant notre ère. Les archives du palais contenaient plus de vingt mille tablettes d'argile — une quantité telle que beaucoup attendent encore d'être déchiffrées. Elles forment un ensemble étonnant où l'on trouve de tout, depuis les petits détails de la vie quotidienne jusqu'à la correspondance échangée entre des souverains qui se querellent ou bien qui se témoignent leur sympathie. Cela comprend des messages diplomatiques, des rapports de gouverneurs de province, des documents juridiques et des décrets, des textes médicaux, l'enregistrement de transactions commerciales, des cours pour la formation de scribes, des manuels pour l'interprétation des présages et l'exécution des pratiques magiques, des récits mythiques ou épiques dans de nouvelles moutures, des recueils de proverbes et de maximes à l'intention de Mésopotamiens en quête de directives morales. La richesse de ces tablettes a fourni aux spécialistes non seulement des données factuelles mais également une bonne connaissance sur la personnalité de simples citoyens ou de puissants personnages.

Appliquant les ordres de leur dernier souverain, l'infortuné Zimrilim, les scribes de Mari n'arrêtaient pas d'écrire, utilisant pour ce faire l'instrument de roseau à tête triangulaire appelé style. La correspondance royale était en grande partie de caractère administratif, certains documents apportaient des nouvelles des confins du royaume, d'autres transmettaient des ordres concernant la construction de canaux et de

Inscription cunéiforme sur une tablette d'argile enregistrant les levers et couchers de Vénus — l'étoile d'Ishtar — sur la base d'observations régulières effectuées dans la ville de Kish aux XIXe et XVIIIe siècles av. J.-C. Ces observations servaient à prédire l'avenir et à mesurer le temps. La précision de cette mesure a permis aux historiens de dater les règnes des rois babyloniens du début du IIe millénaire.

barrages. Un de ces textes décrète un recensement des nomades; un autre conseille à Zimrilim de mater un groupe de conscrits récalcitrants en faisant couper la tête à l'un d'eux. Les scribes du roi tenaient même le compte des denrées apportées au palais et classaient par leurs noms et leurs spécialités les quelque deux mille artisans qui y étaient employés.

D'autres textes ont un caractère plus personnel et donnent une idée de ce qui se passait à l'intérieur du palais. Une lettre d'un gouverneur de province avertit Zimrilim qu'il va recevoir en présent une cage en bois contenant un lion capturé sur le toit d'une maison. Une autre, adressée par le roi à son épouse, lui demande de prendre les mesures nécessaires pour empêcher que se répande «cette maladie hautement contagieuse» dont la nature n'est pas précisée. Ce faisant, Zimrilim montre qu'il a une compréhension tout à fait moderne de l'infection et de la nécessité d'isoler la malade. «Donne de strictes instructions, écrit-il à sa femme. Personne ne doit boire de la coupe dont elle s'est servie; personne ne doit s'asseoir sur le siège qu'elle utilise; personne ne doit s'étendre sur son lit, de crainte que soient contaminées les nombreuses femmes qui se trouvent avec elle.» Semblable sollicitude apparaît dans une lettre de la reine à son mari où elle lui annonce l'envoi de vêtements chauds pour un voyage qu'il doit accomplir et lui recommande de bien se couvrir afin de ne pas prendre froid.

On trouve aussi de très nombreuses lettres adressées au roi qui traitent de songes ou de visions et de ce que l'on peut en augurer. Certaines parlent de mauvais présages, et, de fait, les nuages s'accumulaient déjà à l'horizon. Plus au sud, à Babylone, sur un bras de l'Euphrate, un autre roi, Hammourabi, sixième souverain de la première dynastie régnant sur cette cité-État, était en train de lever une armée. Il se préparait à porter son royaume au premier plan de l'histoire ancienne.

Cette tablette du paléobabylonien en forme de foie de mouton est divisée en sections annotées en vue d'un usage divinatoire. Le modèle, d'une plus grande précision anatomique que ceux qui furent utilisés plus tard dans l'Europe médiévale, servait probablement à enseigner à des apprentis devins comment lire l'avenir dans les entrailles de bêtes. L'art divinatoire avait une si grande importance qu'un roi ne se déplaçait pas et n'envoyait pas ses armées à la guerre sans avoir consulté les augures.

La civilisation mésopotamienne était déjà vieille de plusieurs milliers d'années lors de l'arrivée au pouvoir de Hammourabi. Il pouvait ainsi prétendre à un riche héritage. Déjà, au IVe millénaire avant notre ère, les habitants de Sumer, région correspondant à la basse Mésopotamie, en bordure du golfe Persique, avaient fait de cette contrée le «berceau de la civilisation». Ils avaient inventé l'écriture cunéiforme et élaboré la notion de cité-État, pierre angulaire de la société mésopotamienne.

Depuis le début, le plus grand défi qui se posait à Sumer était celui de l'eau nécessaire pour irriguer ses champs. Les pluies étaient pratiquement inexistantes dans la région. Pour que la société pût se développer, il fallait développer l'irrigation en puisant dans le Tigre et dans l'Euphrate, ce qui exigeait un effort collectif et de grandes capacités d'organisation. Le défi fut relevé, et, grâce au travail créateur des ingénieurs et des paysans, la région devint remarquablement fertile.

Les Sumériens prospérèrent pendant quinze siècles jusqu'à l'arrivée des Akkadiens, peuple de langue sémitique, qui occupèrent la plaine alluviale au nord de Sumer. Vers le milieu du XXIVe siècle av. J.-C., les Akkadiens, sous la conduite d'un souverain remarquable, Sargon le Grand, s'emparèrent des cités-États de Sumer et absorbèrent les Sumériens dans ce qui allait devenir le premier grand empire qu'ait connu notre planète. La dynastie de Sargon tint les rênes de l'empire pendant un siècle et demi, puis ses successeurs laissèrent peu à peu échapper le pouvoir de leurs mains et le royaume sombra dans l'anarchie.

Saisissant l'occasion que leur offrait cette situation chaotique, les Sumériens connurent une brève renaissance au XXIe siècle av. J.-C. sous la IIIe dynastie d'Our, période durant laquelle l'antique ville d'Our acquit une importance plus grande encore que celle qu'elle avait eue dans le passé. Mais cet état ne dura pas, et, comme le disait une prophétie de l'époque, «l'homme des steppes entrera et chassera l'homme de la ville». Effectivement, les Sumériens virent arriver des steppes — ces terres non irriguées qui s'étendaient au-delà de leur domaine agricole — une peuplade sémitique semi-nomade, les Amorrites, composée de bergers et d'éleveurs d'ânes venus de Syrie. De l'avis d'un archéologue, c'est une épouvantable sécheresse qui l'aurait chassée de Syrie.

Aux yeux des citadins raffinés de l'époque, les Amorrites étaient des barbares nomades — «un peuple dévastateur avec des instincts de bête», dit une inscription découverte à Our, «un peuple qui ignore le grain», ce qui était peut-être la pire insulte dans une société où les céréales étaient l'aliment de base. Un poème plus tardif décrit les Amorrites comme des êtres frustes consommant de la viande crue, ne possédant pas de maisons pour se loger et laissant leurs morts sans sépulture. Mais les textes les désignent aussi comme des pillards, des hommes redoutables dont il y avait tout à craindre.

Dans les tablettes de la IIIe dynastie d'Our, les Amorrites sont mentionnés de plus en plus fréquemment, ce qui donne à penser qu'ils présentaient une menace grandissante pour l'autorité de la ville. Une lettre du XXIe siècle avant notre ère montre jusqu'où les Mésopotamiens

Collier en or datant du début du IIe millénaire et trouvé à Dilbat, ville actuelle des environs de Babylone. Il a été reconstitué à partir de plus de deux cents pièces. Les sept pendentifs représentent diverses divinités. Le croissant de lune figure le dieu-lune Sin et le disque rayonnant le dieu-soleil Shamash. Les deux figurines féminines représentent la déesse protectrice Lama et l'éclair fourchu évoque le dieu des Orages Adad. Quant aux deux rosettes granulées, elles symbolisent peut-être Ishtar.

étaient prêts à aller pour assurer leur défense; elle parle de la construction d'un mur appelé «le Repoussoir des Amorrites». Cet ouvrage, dont on n'a retrouvé aucune trace, se composait, croit-on, d'un réseau de points fortifiés s'étendant du Tigre à l'Euphrate, au nord-ouest de l'actuelle Bagdad. Bien que les archéologues n'aient trouvé aucune indication écrite sur ce point, le mur en question devait mesurer au moins quatre-vingts kilomètres de longueur, ce qui veut dire que, dans le domaine des réalisations humaines, il a dû compter parmi les grandes merveilles du monde qui n'ont jamais été célébrées.

Les incursions des Amorrites n'étaient pas toujours de caractère belliqueux. Il semble bien en fait que la plupart d'entre eux arrivaient en Mésopotamie de façon pacifique et qu'ils se sédentarisaient ensuite plus ou moins. On a pu noter leur influence grandissante en relevant dans les textes un nombre croissant de noms amorrites, et cela non seulement sous la IIIe dynastie d'Our mais aussi dans la période suivante. Les indications fournies par les tablettes permettent de penser qu'il y avait même des Amorrites au sein de l'administration royale. À la longue, les immigrés finissaient par adopter la langue dominante, l'akkadien, complétant le processus d'acculturation.

Si les raids des Amorrites ont pu au départ miner la domination d'Our, il faut savoir que d'autres forces destructives étaient à l'œuvre. Les lettres écrites par le dernier des souverains d'Our, Ibbi-Sin, indiquent qu'en 2015 av. J.-C. son autorité était mise en question par un général rebelle qu'il avait nommé à Isin, ville située à cent trente kilomètres au sud. Le roi avait demandé à ce général de lui expédier du grain (ce qui montre à quel point les cités-États étaient interdépendantes à l'époque), mais le général avait répondu qu'il ne lui était pas possible d'accéder à sa requête, et il s'était alors proclamé souverain indépendant.

Profitant de l'affaiblissement du royaume, des envahisseurs venus d'Élam — pays dont parle la Bible, situé à deux cent quarante kilomètres à l'est — s'emparèrent d'Our en 2004 av. J.-C. et détruisirent la ville. Les fouilles ont montré par la suite qu'aucun bâtiment de l'époque n'était resté intact. De façon encore plus parlante, un poème sumérien de ce temps indique que les rues de la ville étaient encombrées de morts, que les cadavres s'entassaient aux endroits où les citadins dansaient auparavant, que les corps se décomposaient «comme la graisse exposée au soleil».

Avec le IIe millénaire s'ouvre une ère nouvelle, et une inscription sur un bloc de pierre trouvé à Isin fait allusion à ce nouveau chapitre dans l'histoire de la Mésopotamie. Il s'agit de la «liste royale» sumérienne, un des nombreux documents de ce type, daté de l'an 1820 av. J.-C., qui reproduit une liste plus ancienne établie pour la première fois à Sumer et y rattache les noms des rois d'Isin, façon de légitimer leur pouvoir. «Our a été vaincue», note le scribe dans le style sec qui caractérise ces documents, «et sa royauté a été emmenée à Isin».

Our n'étant plus une menace, Isin allait se mesurer à une autre cité, Larsa, située à quatre-vingt-six kilomètres au sud. La rivalité entre ces deux puissances allait durer deux siècles environ. C'est ce qu'on a appelé la période Isin-Larsa. Larsa renforça son autorité en 1932 av. J.-C. en se dotant d'une dynastie amorrite et finit par l'emporter. Les Amorrites n'étaient plus tenus à l'écart; désormais ils seraient rois et occuperaient d'autres positions importantes.

Parmi les souverains mésopotamiens d'ascendance amorrite, il y eut à Babylone Hammourabi, monté sur le trône vers 1792 av. J.-C. et qui, plus tard, allait affronter Rim-Sin, le puissant roi de Larsa, pour la domination de la région. Selon les critères de cette époque agitée, le règne de Hammourabi avait été plutôt paisible pendant une trentaine d'années, ce roi s'étant moins attaché à faire la guerre qu'à édifier des temples, des enceintes protectrices et des canaux d'irrigation.

Les historiens savent de façon précise ce qui détermina Hammourabi à passer des réalisations pacifiques aux entreprises guerrières, car il aborde la question avec son ami et allié Zimrilim, roi de Mari, dans une série de lettres trouvées par André Parrot à Mari. En 1765 av. J.-C., Larsa était toujours la principale puissance de la région avec Rim-Sin qui tenait fermement les rênes. La correspondance empreinte d'amitié de Hammourabi montre comment fut attaquée par les Élamites la ville fortifiée d'Eshnounna, située à cent soixante kilomètres au nord-est de Babylone, et comment, à la suite de cette attaque, Rim-Sin et Hammourabi échangèrent des ambassades et négocièrent une alliance défensive. Les Mésopotamiens utilisaient un même mot, non sans raison peut-être, pour désigner l'espion et l'ambassadeur.

Cette tête en terre cuite d'une hauteur de 60 centimètres appartient à la statue d'un lion rugissant qui gardait probablement l'entrée d'un temple à l'époque de la domination de Larsa. Les lions — gibier favori des rois de la région — étaient nombreux en Mésopotamie jusqu'à la fin du IIIe siècle avant notre ère.

Pourtant ce ne sont pas les activités d'espionnage des ambassadeurs qui finirent par indisposer Hammourabi contre le traité de défense; ce fut le fait que Rim-Sin ne s'était pas porté à son secours lorsque Opis, ville babylonienne du Tigre, avait été attaquée. Les relations entre Larsa et Babylone se dégradèrent beaucoup plus lorsque Rim-Sin lança des raids contre d'autres territoires babyloniens, faisant prisonniers leurs habitants. Le roi de Kish, établi à vingt-quatre kilomètres de Babylone, fut averti par des informateurs que Rim-Sin préparait deux cent soixante-dix embarcations en vue d'une attaque contre son royaume par le fleuve, et en avisa aussitôt Hammourabi.

Il était temps d'agir. Hammourabi rompit les relations diplomatiques avec Larsa et prépara une attaque contre Mashkan-Sapir, deuxième ville du royaume de Larsa. Avant de partir pour la guerre, Hammourabi se tourna humblement vers la religion pour y trouver soutien, adressant des prières à Mardouk, dieu protecteur de Babylone, et à Shamash, dieu du Soleil. Après que des prêtres spécialement formés à cette tâche eurent examiné les entrailles d'une bête sacrifiée et tiré leurs présages, il se sentit assuré que les dieux guideraient son armée. Ce fut peut-être ce qui l'incita à se montrer clément envers l'adversaire: il entendait assiéger Mashkan-Sapir et prendre la ville sans la détruire. Cette tactique lui réussit, car, quand la ville se rendit finalement à Hammourabi, son armée se joignit à la sienne pour affronter Larsa, qui capitula après un siège de six mois. Une inscription fait gloire à Hammourabi d'avoir, par sa victoire sur Rim-Sin, «raffermi les fondements de Sumer et d'Akkad».

Le roi de Babylone avait sans doute compris la nécessité d'une Mésopotamie unifiée capable de contenir une nouvelle attaque des Élamites. À ce stade, le lion était réveillé, et Hammourabi allait vaincre ses ennemis l'un après l'autre. Pour le succès de ses armes, il comptait sur les prouesses d'une infanterie bien équipée. Des stèles commémorant les victoires remportées montrent des fantassins brandissant des haches, d'autres armés de lances, qui combattent en se protégeant avec des boucliers de cuir garnis de clous métalliques, d'autres encore utilisant des herminettes pour briser le crâne de leurs adversaires. On a retrouvé des têtes d'herminettes pesant près d'un kilo chacune. Pour le corps-à-corps, les soldats étaient équipés de dagues en bronze ou en cuivre ou de bâtons surmontés de lames.

En 1761 av. J.-C., Hammourabi lança des troupes bien armées et bien entraînées contre Mari, la cité de Zemrilim, son ami d'autrefois. La ville tomba comme toutes les autres et il réduisit ses habitants à l'obéissance en leur imposant ce que les tablettes appellent un «accord amical». Des inscriptions gravées sur des étiquettes en argile, datant de la trente-deuxième année du règne de Hammourabi, et attachées à des paniers contenant des textes en écriture cunéiforme, confirment que la ville était occupée et que les nouveaux maîtres avaient entrepris de répertorier les archives de Zimrilim. Mari se révéla pourtant rétive, et, deux ans plus tard, en 1759 av. J.-C., Hammourabi, revenant sur l'«accord amical» qu'il avait conclu avec elle, donna l'ordre de mettre le feu à la ville et à son palais. Les habitants prirent la fuite, et ainsi les ruines de Mari demeurèrent intactes pendant des siècles.

Entre la trente-sixième et la trente-huitième année de son règne, Hammourabi vainquit des villes importantes du Nord, faisant ainsi passer Assour et Ninive sous la domination de Babylone. En 1755 avant notre ère, ayant remis son épée au fourreau moins de dix ans après avoir dégainé, Hammourabi pouvait considérer comme sienne la plus grande partie de la Mésopotamie, ayant «frappé à la tête la totalité de ses ennemis jusqu'en terre de Soubartou» — terme akkadien qui désignait l'Assyrie. Ses victoires éclatantes avaient grandement accru le prestige de Mardouk, dieu tutélaire de Babylone, qui, par la suite, allait supplanter le Sumérien Enlil comme principale divinité du royaume.

Désormais, ses conquêtes terminées, Hammourabi pouvait jouir

DES PIÈCES D'IDENTITÉ D'UNE FACTURE MÉTICULEUSE

Quand de nos jours un service officiel authentifie un passeport en y apposant un cachet ou quand un notaire marque de son sceau un document pour certifier une signature, il y a là continuation d'une pratique qui a commencé en Mésopotamie il y a 7 000 ans. Les sceaux-cylindres de Mésopotamie comptent aujourd'hui parmi les objets les plus curieux et souvent les plus beaux de l'époque.

Les premiers sceaux n'étaient guère que des cailloux portant de simples marques gravées. Ils servaient à imprimer sur un bloc d'argile un signe identifiant le propriétaire des marchandises auxquelles le bloc était attaché. Par la suite, les instruments se sont perfectionnés et, vers 3500 ou 3400 av. J.-C., on a vu apparaître les sceaux-cylindres qui allaient servir pendant trois mille ans à marquer les marchandises et à authentifier des documents inscrits en caractères cunéiformes sur des tablettes.

De dimensions variables mais plutôt petits en général, les sceaux-cylindres se distinguaient par des motifs gravés en creux qui, quand on roulait le cylindre sur l'argile humide, laissaient une marque en forme de bandeau comme celle reproduite ci-dessus en dimension réelle. Vers 3000 av. J.-C., le cylindre est percé de part en part dans le sens de la longueur de manière à permettre à son possesseur de l'agrafer à un vêtement ou peut-être de le porter attaché par un fil autour du cou ou du poignet.

La matière utilisée pour la fabrication des sceaux-cylindres était le plus souvent une pierre précieuse ou semi-précieuse, mais on employait aussi le bois, le métal, le verre, l'ivoire, l'os, la terre cuite et d'autres matériaux. Sur les premiers sceaux, on remarque des motifs très fouillés; puis vient le règne de la simplicité qui précède un retour aux formes complexes avec reproduction d'images d'une étonnante vérité. Les motifs étaient obtenus en creusant de petits trous que l'on reliait entre eux et que l'on ciselait pour arriver à la forme définitive, comme on le voit aux pages 24-25.

Leonard Gorelick et A. John Gwinnett, qui enseignent l'un l'orthodontie et l'autre la biologie buccale à l'université d'État de New York, se sont livrés à des recherches approfondies pour déterminer la nature des instruments utilisés par les anciens ciseleurs de sceaux. En examinant au microscope électronique des pièces de l'époque, ils ont relevé des marques d'instruments qu'ils ont ensuite reproduites en se servant de copies de forets. Ils ont ainsi établi que, pour travailler les matières tendres, le calcaire par exemple, on se servait probablement de simples forets en pierre taillée, tandis que les forets de cuivre, inventés plus tard, servaient à travailler la pierre dure.

Un point reste mystérieux: comment des motifs aussi petits et aussi compliqués ont-ils pu être exécutés sans moyen de grossissement? La réponse proposée par Gorelick et Gwinnett est que les ciseleurs de sceaux étaient atteints de myopie — anomalie se transmettant par hérédité, de même que le métier qu'ils pratiquaient se transmettait sans doute de père en fils.

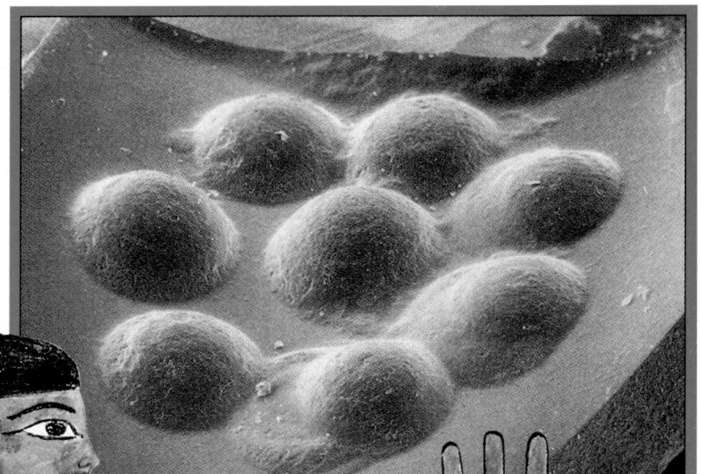

Sur cette photo agrandie d'un sceau-cylindre babylonien inachevé, le dieu-soleil, portant une tiare à cornes, est entouré de deux personnages. La dernière figure, à droite, n'est pas terminée: une série de trous dessine une forme que le graveur n'a pas habillée de chair. Les images ci-dessous, obtenues par micrographie électronique, montrent les marques laissées sur silicone par un foret de pierre (à gauche) *et par un foret de cuivre* (à droite), *ce dernier permettant de tailler des matériaux plus durs.*

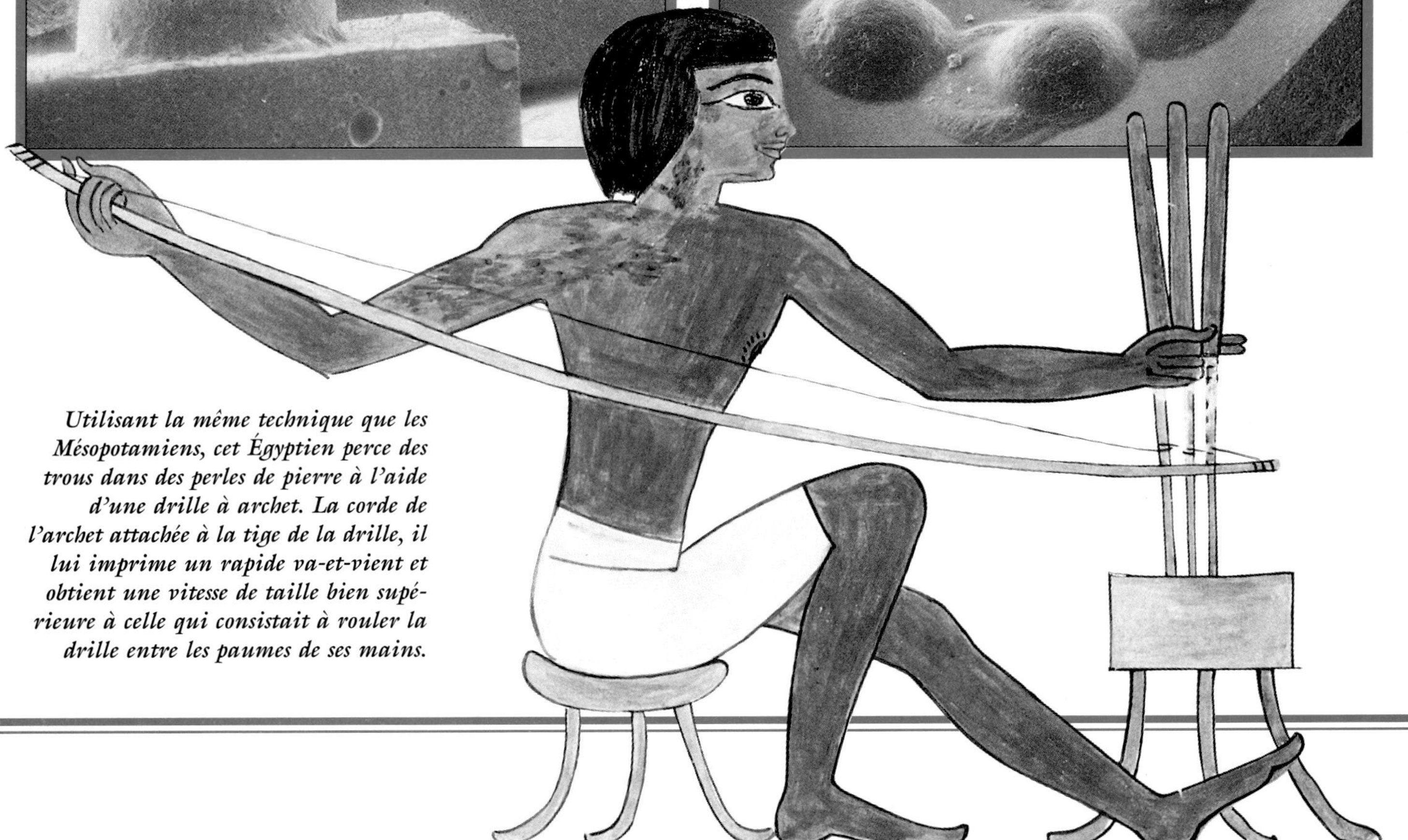

Utilisant la même technique que les Mésopotamiens, cet Égyptien perce des trous dans des perles de pierre à l'aide d'une drille à archet. La corde de l'archet attachée à la tige de la drille, il lui imprime un rapide va-et-vient et obtient une vitesse de taille bien supérieure à celle qui consistait à rouler la drille entre les paumes de ses mains.

Empreinte d'un sceau babylonien du Ier millénaire représentant un être surnaturel doté de quatre ailes et habillé d'une toison. Il maîtrise trois oiseaux qui sont peut-être des esprits malins. Ce sceau en cornaline porte une inscription qui appelle la bénédiction sur son porteur; bizarrement, le ciseleur a gravé les caractères cunéiformes en intaille et non en relief; ils apparaissent donc ici inversés.

À gauche, sceau en calcédoine bleue du VIIIe siècle av. J.-C. représentant une pratique rituelle. Ci-dessus, sceau en calcaire vert, plus ancien de quatre siècles, figurant des bêtes que l'on ramène à l'étable. À droite, sceau en cristal de roche à bouts dorés datant du IIIe millénaire et reproduisant un homme nu aux prises avec un buffle.

Trois boucs rampants, paraissant surgir d'une vasque tenue par deux divinités, décorent ce support de vase en bronze de 23 centimètres de hauteur. Les boucs, que les Mésopotamiens utilisaient dans leurs rites sacrificiels, ont la tête revêtue d'une feuille d'or battu tandis qu'une feuille d'argent couvre le visage des deux dieux.

de la *pax babylonia* qu'il avait imposée à ses ennemis et célébrer sa gloire sur des sculptures. L'une d'elles, par exemple, porte une inscription dans laquelle le grand homme, puisant ses métaphores dans le ciel, se présente comme «le soleil de Babylone qui projette ses rayons sur les terres de Sumer et d'Akkad, le roi qui a subjugué les quatre régions du monde». Babylone, jadis petite cité-État parmi beaucoup d'autres, est désormais au centre d'un empire; c'est la «porte du dieu», comme l'indique son nom en langue akkadienne. Au cours des deux millénaires qui vont suivre, Babylone, à travers toutes les péripéties de son histoire, restera une puissance, convoitée par les rois, recherchée par les pèlerins et maudite par les prophètes comme lieu de tous les vices.

Pendant les quelques années qui précédèrent sa mort, survenue vers 1750 av. J.-C., Hammourabi n'eut guère le temps de se lancer dans de nouvelles aventures. Il était beaucoup trop occupé à faire ses preuves dans le domaine politique et diplomatique comme il l'avait fait sur le champ de bataille et à apparaître comme un administrateur réellement soucieux du bien de ses sujets. En fait, si ses ministres pouvaient lui reprocher quelque chose, c'était d'hésiter à déléguer ses responsabilités et de se laisser accaparer par des détails.

À peu près cent cinquante lettres d'Hammourabi, trouvées à Larsa et dans d'autres villes de son royaume, montrent qu'il s'intéressait personnellement aux questions les plus terre à terre. Par exemple, un de ses fonctionnaires, Sin-iddinam, ayant été chargé de réquisitionner des fournitures pour l'armée, le roi, voulant s'assurer qu'il s'était acquitté honnêtement de cette tâche, fit vérifier le nombre de bœufs et de moutons que possédait Sin-iddinam, pour le cas où celui-ci aurait effectué des prélèvements sur le cheptel de l'État. Une autre fois, Sin-iddinam ayant tenté de recruter des hommes pour l'armée et ceux-ci ayant opposé une résistance, Hammourabi intervint de nouveau et interdit qu'on les emmenât de force. D'autres exemples de sollicitude pour ses administrés sont contenus dans ses lettres à Shamash-Khazir, un de ses agents, qu'il réprimandait souvent à la suite de plaintes de particuliers directement adressées à lui. Plusieurs de ses lettres ordonnent à Shamash-Khazir de satisfaire les personnes lésées et contiennent des instructions telles que «contente-le immédiatement» ou «veille à ce qu'il ne revienne plus ici et ne se présente plus à moi». Dans une missive envoyée à un haut fonctionnaire, il prescrit: «À Shamash-Khazir [l'envoyé chargé de porter le message], dis ceci: Ainsi parle Hammourabi: Nannatoum m'a parlé en ces termes: "Dans mon champ à loyer, une très grande partie de la terre n'a pas été arrosée." C'est ainsi qu'il m'a parlé. Va au champ de Nannatoum... Inspecte-le, puis, dans les

Cette statuette en bronze de 18 centimètres de hauteur date de la fin du règne de Hammourabi. Le suppliant, dont le visage et les mains sont revêtus d'un placage en or, pourrait être le roi lui-même. Une inscription sur le socle indique que la statuette est dédiée au dieu Amourrou, qui a sauvé la vie de Hammourabi. L'objet, comme celui de la page précédente, viendrait de Larsa. Des ressemblances stylistiques font penser qu'ils proviennent d'un même temple.

terres qui sont au bord du canal... et qui appartiennent au palais, donne à Nannatoum un champ arrosé [en échange du champ] qui n'a pas été arrosé... Si tu ne [le fais pas], le déficit de son loyer sera reversé sur toi.»

On comprend qu'autour de Hammourabi beaucoup de personnages haut placés tiraient profit des droits et des privilèges que leur valaient leurs fonctions et dont bénéficiaient aussi leurs proches. La fierté d'appartenir à une telle famille apparaît dans une lettre écrite par le fils d'un haut fonctionnaire à sa mère — lettre qui permet aujourd'hui au lecteur indiscret d'assister à une prise de bec familiale. Le jeune homme, qui a l'écriture gauche d'un écolier, se plaint d'être improprement vêtu et reproche à sa mère de l'empêcher de suivre la mode de son temps et de ne pas l'habiller comme il sied à quelqu'un dont le père est l'un des favoris de Hammourabi. Et il termine par cette phrase que beaucoup de parents entendent encore trois mille huit cents ans plus tard: «Toi, tu ne m'aime pas!»

Parmi les inscriptions les plus importantes du règne de Hammourabi figure une stèle en basalte de deux mètres quarante de hauteur *(page 29),* aujourd'hui conservée au musée du Louvre. Il s'agit du fameux code de Hammourabi, qui, selon certains auteurs, avait sa place jadis dans le temple de Mardouk à Babylone. Au XIIe siècle avant notre ère, les Élamites s'étaient emparés de la stèle comme butin de guerre et l'avaient transportée à Suse (aujourd'hui en Iran) où des archéologues français l'ont découverte en 1901. Une partie de l'inscription a été effacée, sans doute par les Élamites, mais on a réussi depuis à rétablir le texte manquant en utilisant les fragments d'une autre stèle portant la même inscription, ainsi que des copies rédigées sur des tablettes d'argile et conservées à Ninive, trois cent quatre-vingts kilomètres au nord de Babylone, dans la bibliothèque d'Assourbanipal, monarque raffiné d'Assyrie au VIIe siècle avant notre ère.

Le code est un recueil de deux cent quatre-vingt-deux arrêts, comportant un prologue et un épilogue. Il aborde dans ses articles presque tous les aspects de la vie quotidienne en Babylonie. Il a été rédigé, indique le prologue, «pour que la justice règne dans le pays, pour détruire le mal et les méchants, pour que les puissants ne puissent opprimer les faibles». Chaque article a une forme conditionnelle: si quelqu'un commet tel acte, il doit s'attendre à tel châtiment. Souvent le châtiment s'inspire de la loi du talion: on tue celui qui a tué, on rompt les os à qui a rompu les os d'un autre. Le chirurgien qui a commis une faute professionnelle entraînant la mort d'un patient devra être amputé. À moins que la victime ait été un esclave, auquel cas le chirurgien devra dédommager celui auquel l'esclave appartenait.

Le code définit trois catégories sociales. Il y a d'abord l'homme libre, citoyen de plein droit, qui mérite la plus haute considération. Puis vient le citoyen de deuxième classe, qui est peut-être même sous la tutelle de l'État. Enfin, au bas de l'échelle, il y a l'esclave. L'appartenance de classe joue un rôle décisif dans la fixation des peines. Ainsi, un homme libre qui a frappé un autre homme libre devra acquitter une amende d'une mine d'argent (une barre de cinq cents grammes). S'il s'agit d'un inférieur qui a frappé un de ses pairs, l'amende n'est plus que de dix sicles d'argent, soit six fois moins environ. Naturellement, c'est l'esclave qui est traité le plus sévèrement, car si, à la rigueur, il peut frapper un autre esclave et s'en tirer sans être puni, il s'expose, dans le cas où il a frappé un homme libre, à avoir l'oreille coupée.

L'esclave se reconnaissait aisément à son *abbouttoum* — une boucle de cheveux spéciale. Sans doute craignait-on beaucoup les évasions d'esclaves, car malheur au barbier qui osait supprimer un abboutoum sans le consentement du maître! Le code de Hammourabi ordonnait qu'on lui coupât la main. Un sort plus terrible encore attendait celui qui aurait obligé un barbier à raser l'abbouttoum d'un esclave ne lui appartenant pas: il était condamné à périr empalé devant sa propre porte. Le barbier, dans ce cas, obtenait sa libération en affirmant sous serment qu'il avait agi sous la contrainte.

D'autres sanctions n'étaient pas moins sévères. Ainsi, un maçon ou un architecte qui, à cause d'un travail bâclé, était responsable de l'effondrement d'une maison et de la mort du propriétaire courait le risque d'être lui-même mis à mort. Une femme qui négligeait son foyer et humiliait son époux pouvait être conduite à la plus proche rivière et soumise à une ordalie; tout dépendait alors de son aptitude à la nage. Les punitions étant si dures, les Babyloniens devaient se garder de porter des accusations à la légère. Celui qui avait accusé à tort l'épouse d'un autre était conduit devant les juges qui lui faisaient raser séance tenante la moitié de sa chevelure.

Le droit familial tient une large place dans ce code. L'adoption, par exemple, était un droit reconnu et protégé. Si un citoyen adoptait et élevait un enfant, on ne pouvait plus jamais le lui enlever; mais si c'était le père adoptif lui-même qui recherchait les parents de l'enfant, alors celui-ci pouvait être rendu à sa famille d'origine.

Plusieurs articles du code font penser qu'une des raisons pour lesquelles un enfant était confié à une famille adoptive pouvait être le désir

La partie supérieure de la stèle portant le code de Hammourabi montre le roi en prière devant le juge suprême, Shamash, assis sur son trône. Malgré son humble posture, Hammourabi se présente dans le prologue qui introduit les 49 colonnes d'articles de loi, comme un «dieu parmi les rois», «un combattant hors pair» et «celui qui a atteint le fond de la sagesse».

d'assurer son avenir en lui permettant d'acquérir un métier. Quand un artisan adoptait un garçon et lui enseignait son art, l'enfant ne pouvait pas lui être repris; mais si l'artisan avait failli à son enseignement, l'adolescent pouvait être rendu à ses parents naturels.

Les abus sexuels étaient sévèrement réprimés en cas d'inceste. Un homme qui avait eu des rapports sexuels avec sa fille encourait l'exil; si l'acte avait été commis avec l'épouse du fils, l'homme devait être ligoté et jeté à la rivière pour qu'il s'y noyât. Mais le châtiment était exemplaire s'il s'agissait d'un homme qui avait eu des rapports sexuels avec sa propre mère. Dans ce cas, les deux parties étaient condamnées au bûcher.

Les archéologues ont été frappés par les ressemblances existant entre le code de Hammourabi et la loi mosaïque. On note ainsi un même souci de protéger les êtres sans défense, comme la veuve et l'orphelin, et de proportionner le châtiment à la faute en évitant tout excès. Ils ont également émis l'hypothèse que les deux recueils de jurisprudence puisent dans une tradition commune.

La tradition dont s'inspire le code de Hammourabi remonte aux lois d'Eshnounna, pour la période d'Isin-Larsa qui précède immédiatement celle de Hammourabi, et, plus loin encore, aux lois sumériennes d'Our-Nammou qui fonda vers 2100 avant notre ère la IIIe dynastie d'Our. Le code d'Our-Nammou est inscrit sur des tablettes qui ont été retrouvées à Our et dans les ruines de Nippour (aujourd'hui Nuffar, en Irak), ville située à environ quatre-vingt-dix kilomètres au nord-est de Babylone. On y relève la même volonté de prescrire des peines qui soient à la mesure exacte de la faute commise. Dans la plupart des cas, il s'agit de sanctions pécuniaires. Un des arrêts de Hammourabi — «Celui qui tranche le nez d'un autre avec un couteau en cuivre doit payer les deux tiers d'une mine d'argent» — figure dans les mêmes termes dans une loi d'Eshnounna. Celle-ci contient cependant une clause additionnelle qui porte le montant de l'amende à une mine d'argent entière dans le cas où le nez a été tranché avec les dents. Quant à la loi du talion, plus sévère — «œil pour œil, dent pour dent» —, on pense qu'il s'agit d'une innovation de Hammourabi, peut-être inspirée par les traditions amorrites.

Aux futurs rois, Hammourabi disait: «Tenez compte des textes que j'ai inscrits sur ma stèle.» Mais ses successeurs ne semblent pas l'avoir entendu. Parmi les milliers de documents juridiques remontant au paléobabylonien, un seul — un contrat découvert à Our — se réfère au code de Hammourabi, et cela pour un seul de ses articles.

Malgré la grandeur du règne de Hammourabi, il ne reste plus grand-chose de la Babylone de son époque, car une ville nouvelle, la Babylone de Nabuchodonosor II, qui prit et détruisit Jérusalem, fut édifiée au VIe siècle avant notre ère, douze siècles après la mort de Hammourabi, sur les ruines de l'ancienne cité envahie par les eaux. Mais on peut juger de l'aspect que présentait la capitale de Hammourabi en considérant les ruines d'autres villes de l'époque situées en terrain sec et donc plus accessibles, par exemple celles d'Our (reconstruite après sa destruction par les Élamites), de Nippour ou de Mashkan-Shapir, ville marchande.

À Our, les maisons de particuliers qui bordent les rues datent de l'époque où la ville était passée sous la domination de Larsa d'abord, puis sous celle de Hammourabi. Ces maisons furent détruites vers 1740 avant notre ère par le fils de Hammourabi, Samsou-Ilouna. Comme à Mari, des incendies allumés de propos délibéré ravagèrent la ville, transformant Our, ses constructions en brique crue — et les tablettes d'argile qu'elles abritaient — en une sorte de machine à remonter le temps. Au point que l'archéologue britannique Leonard Woolley, fouillant les restes bien préservés de l'antique cité, était capable de dire à qui avait appartenu tel logement ou tel magasin.

Les familles occupaient des habitations aux murs blanchis à la chaux ou enduits de plâtre, construites sur deux niveaux, selon Woolley, ou sur un seul, pensent d'autres archéologues de nos jours. Au premier niveau, aucune fenêtre ne donnait sur les rues étroites et sinueuses. Une maison était, ordinairement, construite autour d'une cour centrale, mais il n'en existait pas deux d'identiques, car les terrains bâtis étaient de formes irrégulières et de dimensions diverses. Dans l'une de ces demeures, on accédait à l'étage ou au toit par un escalier passant au-dessus de la

À LA RECHERCHE D'ABRAHAM, L'INSAISISSABLE PATRIARCHE BIBLIQUE

Abraham, figure centrale du christianisme, du judaïsme et de l'islam, a-t-il réellement existé? L'Ancien Testament raconte qu'Abraham, quittant «Our des Chaldéens» (la Chaldée est le nom qui désigne la Mésopotamie dans la Bible), était allé s'établir avec son père à Harran, ville située aux confins nord-ouest de la région. Dans cette ville, d'après la tradition juive, il s'était dressé contre la religion de son père, fabricant d'idoles, et, après avoir brisé ses idoles, il avait quitté Harran avec sa femme et sa suite pour gagner la Terre promise, que le tableau du XVIe siècle, ci-contre, représente.

Beaucoup d'autorités voient en Abraham un personnage mythique censé personnifier des événements remontant aux premiers temps de la Bible, mais d'autres pensent qu'il s'agit d'un personnage historique. Un archéologue américain, W. F. Albright, compulsa des documents archéologiques et des textes anciens pour essayer de retrouver l'Abraham historique en déterminant l'époque à laquelle appartiendrait le milieu social que décrit la Genèse. Sa conclusion fut qu'Abraham devait avoir vécu vers 1800 av. J.-C.

À Tell al-Muqayyar, dans le sud de l'Irak, les fouilles effectuées entre 1922 et 1934 par l'archéologue britannique Leonard Woolley mirent au jour les restes de constructions datant du début du IIe millénaire. S'appuyant sur la date avancée par Albright, Woolley émit l'hypothèse, tout au moins dans ceux de ses ouvrages qui s'adressent au grand public, que ce site pouvait être celui de la ville d'Abraham — Our en Chaldée. On y avait dégagé les fondations de nombreuses habitations et, d'après Woolley, n'importe laquelle de ces maisons pouvait être celle où Abraham avait passé son enfance. Ses suppositions furent acceptées d'emblée par le public en général ainsi que par nombre d'historiens de la Bible.

Mais d'autres autorités furent d'un avis différent. Elles firent remarquer tout d'abord que, dans la Bible, Abraham est présenté comme un nomade, gardien de troupeaux vivant sous la tente, et non comme le produit d'une civilisation urbaine évoluée. En outre, il est dit qu'il se déplaçait avec une caravane de chameaux; or le chameau n'a été vraiment domestiqué que plusieurs siècles après l'époque à laquelle se référaient Albright et Woolley. Enfin, plusieurs spécialistes, comme l'Américain Thomas L. Thomson, font valoir que les récits bibliques, ancrés dans la tradition orale et la légende, ne sont pas des sources fiables pour la détermination de la vérité historique. Il n'y a donc pas accord entre les spécialistes sur la question de savoir où et quand Abraham aurait vécu, et beaucoup se demandent même s'il a jamais existé.

salle de bains — petite pièce au au sol carrelé possédant un orifice pour l'évacuation des eaux. Woolley supposait que les pièces situées au premier niveau étaient celles où l'on recevait les visiteurs et où couchait les serviteurs, celles de l'étage étant réservées à la famille. Même si l'on part de l'idée que les maisons n'avaient qu'un seul niveau, il est probable que la famille couchait sur le toit la plus grande partie de l'année, quand le temps le permettait.

Avec sa crinière aplatie et un trou percé dans le museau pour tenir les rênes, cette statuette en argile, vieille de 4300 ans, est la première représentation connue d'un cheval domestique. Longue d'une quinzaine de centimètres, elle a été découverte en 1992 près de l'Euphrate, à 300 kilomètres au nord de Damas.

Le toit, dans une maison de ce type, était très légèrement incliné en direction de la cour et garni de chenaux qui recueillaient les eaux de pluie pour les conduire à une rigole placée au milieu du pavement en brique et donnant sur un dégorgeoir. Pareille habitation, écrit Woolley, «suppose un niveau de vie vraiment élevé. Et ces maisons n'appartiennent pas à des familles particulièrement riches mais, comme le prouvent les tablettes cuites trouvées à l'intérieur, à des personnes appartenant aux classes moyennes — boutiquiers, petits commerçants, scribes... — dont on peut parfois, de façon très vivante, découvrir quelles étaient les particularités et quel fut le sort.»

Dans une des maisons d'Our, celle d'un instituteur répondant au nom d'Igmil-Sin, Woolley avait trouvé des centaines de tablettes d'argile en forme de petits pains au lait qui avaient servi à l'enseignement de l'écriture cunéiforme. À Nippour, les fouilles conduites au début des années cinquante par deux archéologues de l'institut oriental de l'université de Chicago, Donald McCown et Richard Haines, ont mis au jour une autre construction qui avait, elle aussi, servi d'école. Elle contenait deux salles de classe: une à l'intérieur, que l'on utilisait sans doute par temps froid et où les élèves étaient assis sur des bancs le long des murs, et une à l'extérieur, dans la cour, comme l'indiquait la présence de bancs semblablement disposés. Il y avait dans cette maison un grand récipient contenant une série de gobelets. Les élèves emplissaient sans doute d'eau leurs gobelets dans cette vasque et se servaient de ceux-ci pour humecter leurs tablettes pendant qu'ils écrivaient.

À Our, Leonard Woolley avait découvert dans les pièces d'habitation principales des documents conservés à l'intérieur de jarres — le genre de documents que l'on garderait aujourd'hui à l'intérieur d'un coffre-fort: contrats d'achat ou de vente d'une maison, d'une terre ou d'un esclave, testaments, créances, certificats de mariage ou d'adoption, comptes rendus de procès, bref une masse d'informations passionnantes éclairant la vie de tous les jours.

Dans d'autres villes aussi, des documents semblables ont été trouvés chez des particuliers. Un de ces textes est la transcription d'un procès jugé à Nippour par un tribunal de quartier spécialisé dans les affaires domestiques. Il s'agissait d'une affaire opposant une riche héritière, Ama-Soukkal, à son mari, Enlil-Izzou, ce dernier ayant accusé son épouse d'insolence à son égard. À l'ouverture de l'audience, la masse d'armes de Ninourta, dieu tutélaire de Nippour, avait été cérémonieusement posée devant les juges. Puis on avait entendu les témoignages de plusieurs femmes. Ama-Soukkal fut innocentée, et ce fut Enlil-Izzou qui fut condamné pour n'avoir jamais eu de relations sexuelles avec sa femme et pour avoir fait pression sur elle afin qu'elle le déliât des liens du mariage. Certes, Enlil-Izzou aurait pu divorcer, mais s'il avait pu convaincre sa femme de demander le divorce, il aurait conservé la majeure partie de la dot. Cependant, plutôt que de reprendre la vie commune avec cette femme qu'il disait querelleuse, il préféra aller en prison. «Je n'ai toujours pas l'intention de vivre avec elle comme mari et femme, dit-il à ses juges. Vous pouvez me mettre en prison jusqu'à ce que je m'arrange pour la rembourser» — le remboursement en question étant celui des biens qu'Ama-Soukkal avait apportés en dot.

À Mashkan-Shapir, les archéologues mirent au point une méthode d'investigation pour un important centre urbain. Il y a quatre mille ans, Mashkan-Shapir n'était guère qu'un «village de vachers», pour reprendre l'expression employée par Elizabeth Stone et Paul Zimansky, qui y dirigèrent les fouilles. Mais son développement fut rapide, et, au XIXe ou au XVIIIe siècle av. J.-C., Mashkan-Shapir était devenu un grand centre commercial où s'échangeaient les marchandises de la haute Mésopotamie contre les produits agricoles de la basse Mésopotamie.

Lors de son plein développement, Mashkan-Shapir avait à peu près les mêmes dimensions qu'Our, et, comme d'autres villes mésopotamiennes, elle était divisée en secteurs par un réseau de canaux alimentés par le Tigre. Ces diverses zones abritaient le centre religieux et administratif, les quartiers résidentiels, commerciaux et artisanaux que reliaient entre eux des avenues et des ponts enjambant les canaux. Les chenaux et les ports qui y étaient aménagés reliaient la ville au monde extérieur.

Les fouilles préliminaires entreprises par Elizabeth Stone et Paul

Zimansky révélèrent que Mashkan-Shapir était entourée à l'origine d'un mur de protection dont un texte de l'époque indique qu'il fut construit au milieu du XIXe siècle avant notre ère durant le court règne de Sin-iddinam, roi de Larsa. Près des portes de la ville furent trouvés des cylindres d'argile d'environ dix centimètres de diamètre et quinze de hauteur qui confirment le rôle joué par le souverain dans la construction du mur; ils indiquent que le rempart fut érigé sur ordre de Nergal, dieu de la Guerre et de la Peste, «pour étendre la superficie» de Mashkan-Shapir en lui adjoignant de nouveaux terrains, désormais bien protégés.

Dans un premier temps, les deux archéologues ramassèrent tous les objets qui gisaient sur le sol afin de les classer et de les dater. Cette collecte fut complétée par des photographies aériennes prises au moyen d'un appareil suspendu à un cerf-volant et dont la lentille avait un pouvoir de résolution tel qu'il permettait de distinguer des objets de la taille d'une brique. Grâce à ce travail méticuleux, les archéologues couvrirent beaucoup plus de terrain qu'ils n'auraient pu le faire uniquement par les fouilles. À partir des informations rassemblées, ils dressèrent une carte qui portait toutes les caractéristiques visibles de Mashkan-Shapir, y compris l'emplacement des objets trouvés sur place. La répartition de ces objets — surtout les sceaux-cylindres et les jarres en pierre que l'on voyait souvent chez les riches Babyloniens — montre que dans chacun des quartiers résidentiels les citadins aisés voisinaient avec des personnes plus modestes, ce qui était aussi le cas dans d'autres cités mésopotamiennes.

Carte en argile de la ville de Nippour, datant de 1300 av. J.-C. Elle a été trouvée sur le site en 1899 et les photos aériennes ont montré qu'elle était d'une remarquable précision. Le carré dans le coin droit supérieur est la ziggourat. On voit le canal qui traverse la ville du nord au sud-est et, à l'ouest, l'Euphrate.

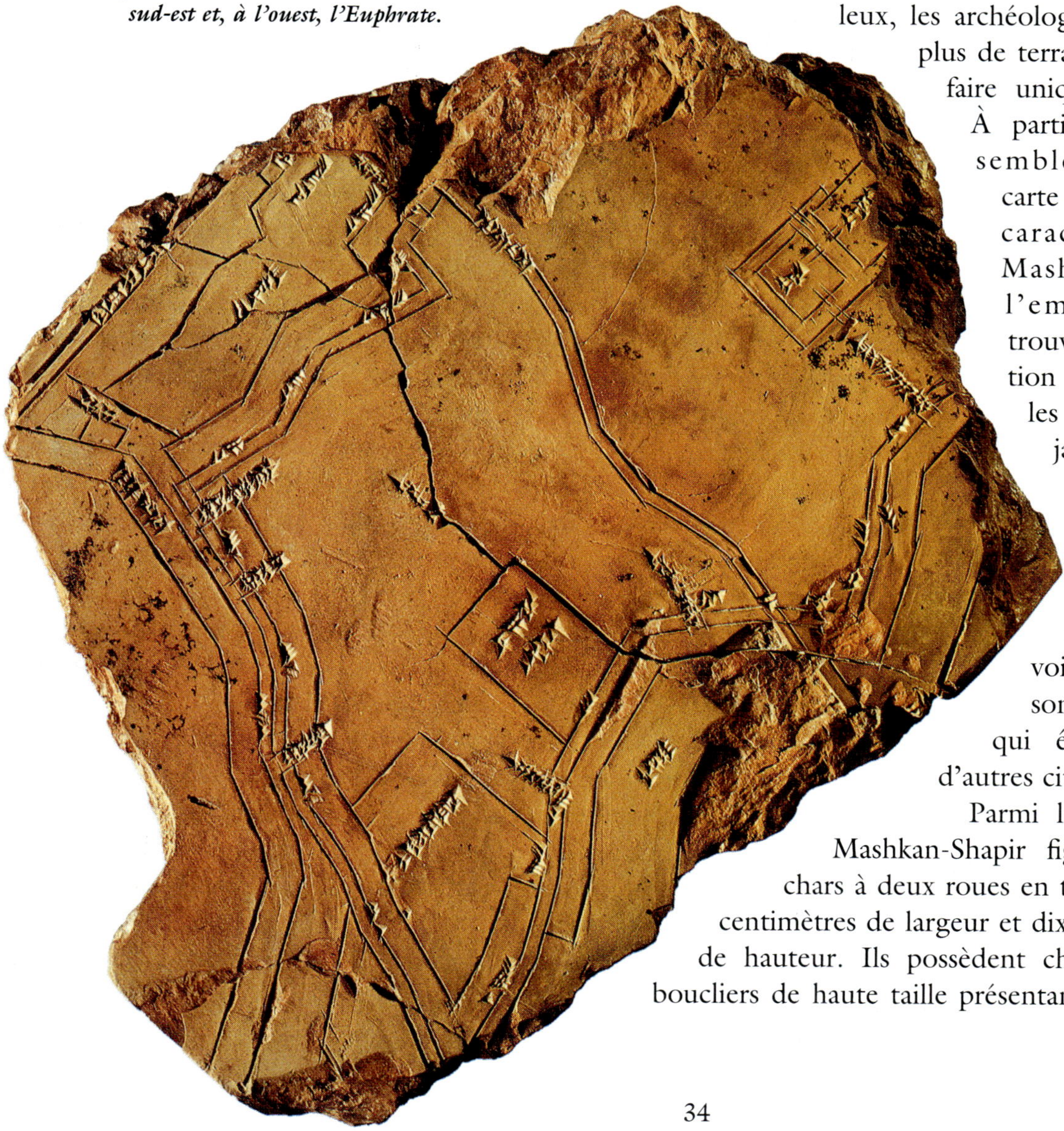

Parmi les curiosités dégagées à Mashkan-Shapir figurent des modèles de chars à deux roues en terre cuite d'environ cinq centimètres de largeur et dix à vingt-cinq centimètres de hauteur. Ils possèdent chacun sur le devant des boucliers de haute taille présentant l'image ou le symbole

Cette photographie aérienne d'un chantier de fouilles à Nippour donne une idée des conditions dans lesquelles travaillent les archéologues. Une des plus grandes difficultés auxquelles ils ont à faire face est l'existence de vents chargés de poussières qui peuvent effacer un site aussi vite qu'il a été dégagé. Tempêtes de sable, serpents, scorpions, mygales et phlébotomes représentent d'autres risques.

du dieu-soleil Shamash ou de Nergal, dieu de la Mort et divinité tutélaire de la ville. La plupart de ces chars ont été mis au jour dans les quartiers administratifs ou religieux de la ville, laissant augurer qu'ils étaient utilisés à l'occasion de quelque rituel.

Aucun n'était accompagné de chevaux de glaise, mais un cheval de belle facture a été découvert en Syrie en 1992 en même temps que plusieurs chars sculptés semblables à ceux de Mashkan-Shapir. Cette figurine d'une douzaine de centimètres de longueur datant de 2300 av. J.-C. environ est la plus ancienne représentation d'un équidé domestique découverte à ce jour et la preuve que le cheval a joué un rôle dans l'histoire mésopotamienne avant le début du IIe millénaire, date jusqu'alors retenue par les spécialistes. En tirant des chars rapides et légers, le cheval finirait par révolutionner l'art de la guerre et faciliter la naissance des empires. Mais son utilisation était loin de faire l'unanimité : au XVIIIe siècle, dans une lettre à Zimrilim, roi de Mari, un gouverneur de la ville voisine de Terka conseillait à celui-ci de « donner de la dignité à son règne » en renonçant aux chevaux en faveur du char tiré par des mules, animaux plus acceptables du point de vue de la société.

Mashkan-Shapir fut abandonnée pour des raisons que les spécialistes ignorent. Peut-être était-ce dans les mêmes circonstances qui avaient conduit à l'abandon des villes de la Babylonie centrale et méridionale vers 1720 av. J.-C., durant le règne de Samsou-Ilouna, fils et successeur de Hammourabi. D'après ce que l'on sait, il semble que cette crise s'explique, en partie tout au moins, par des raisons économiques et écologiques. «Au début du XVIIe siècle av. J.-C., notent les archéologues américains James A. Armstrong et Margaret Catlin Brandt, la Babylonie alphabétisée et urbanisée se réduisait à l'angle nord-ouest de la plaine alluviale, juste au nord et au sud de la ville de Babylone. Les grandes villes du Sud avaient pratiquement cessé d'exister.»

De l'avis de nombreux spécialistes, une lente déviation vers l'ouest du cours de l'Euphrate dans la partie centrale des plaines du Sud avait entraîné des conséquences désastreuses, réduisant les quantités d'eau entrant dans les bras du fleuve et dans les nombreux canaux creusés à travers champs. Empêcher que les canaux ne se bouchent et étendre le réseau d'irrigation si nécessaire à la vie représentait un défi permanent pour les Mésopotamiens, et tout changement dans le cours du fleuve aggravait le problème. «Faute d'eau pour irriguer les champs, explique Armstrong, les villes qui bordaient les anciens bras de l'Euphrate moururent.» Des terres agricoles jadis productives s'asséchèrent, le centre urbain de la Babylonie se dépeupla et Babylone elle-même entra dans une période à ce point dépourvue de vestiges archéologiques que les spécialistes la considèrent comme la période sombre de son histoire.

Sans doute le désastre était-il inévitable, rien ne pouvant empêcher une modification naturelle du cours du fleuve, mais il a peut-être été hâté par une intervention humaine. Des savants pensent que le cours de l'Euphrate a pu être détourné pour des raisons militaires. L'hégémonie de Babylone a fait, expliquent-ils, que pour la première fois le pouvoir se trouvait entre les mains d'une cité capable de contrôler tous les cours d'eau du Sud et donc de se servir de l'eau comme d'une arme.

Cette guerre écologique aurait commencé sous le règne de Samsou-Ilouna, encore que le détournement des eaux ait déjà été utilisé dans les siècles précédents. Vers la dixième année de son règne, en 1742 av. J.-C., Our se joignit à Larsa et à d'autres villes du sud de la Babylonie dans une révolte contre la suprématie de Babylone. Deux ans après, toutefois, les villes rebelles étaient vaincues. C'est dans le cadre de cette campagne que Samsou-Ilouna aurait détourné ou réduit le débit des bras du fleuve qui alimentaient les champs de ses ennemis afin de les contraindre à la soumission. Il se pourrait aussi que la désorganisation consécutive à la rébellion ait fait cesser l'entretien des barrages dont le rôle était d'empêcher la déviation vers l'ouest du cours de l'Euphrate.

Samsou-Ilouna célébra sa victoire en désignant la onzième année de son règne comme «l'année où Samsou-Ilouna détruisit les murs d'Our et d'Ourouk». Les inscriptions indiquent que la vie dans les cités

Une sorte de serpent à cornes s'enroule autour de la base de ce **koudourrou** *de 53 centimètres de hauteur. Sous les Kassites, le koudourrou était une borne qui plaçait sous la protection des dieux la donation d'une terre faite par le roi. On y faisait figurer les emblèmes des dieux ainsi que de sévères avertissements à l'adresse de ceux qui ne tiendraient pas compte des limites du champ.*

vaincues s'est poursuivie normalement pendant une année environ mais, en 1740 av. J.-C., Our, Larsa et d'autres cités rebelles du sud de la Babylonie furent brusquement abandonnées.

À Nippour, cependant, et dans les autres villes situées en amont, entre Babylone et Our, une réduction du débit des bras du fleuve au nord, près de Babylone, aurait apporté un changement important certes, mais non décisif: les habitants les moins bien nantis de Nippour vendaient massivement leurs terres à de riches spéculateurs et abandonnaient leurs maisons. À l'évidence, il se passait quelque chose d'anormal. Les tablettes révèlent que vers 1739 av. J.-C. le prix du terrain s'effondra. Les eaux détournées prenaient peut-être beaucoup de temps à revenir dans leur ancien lit et ne coulaient pas avec autant d'abondance que les autorités l'avaient prévu après la rébellion.

Il se peut que Samsou-Ilouna ait réussi par la suite à rétablir le cours normal du fleuve dans la partie centrale, car en 1730 Nippour et les autres villes du Centre avaient retrouvé leur prospérité. Mais Our et les villes du Sud demeuraient inhabitées. Les textes provenant de certaines villes du Nord fournissent quelques indices à propos de leurs habitants; de petites bourgades du Nord étaient devenues de véritables cités, et bon nombre de leurs habitants, à en juger par leurs noms, ne pouvaient être qu'originaires du Sud.

Dix ans plus tard, en 1720 av. J.-C., une autre insurrection se produisit. Elle était soutenue par Nippour et par les autres villes de la Babylonie centrale, qui furent abandonnées deux ans après le début de la rébellion et, cette fois encore, sans doute à cause d'un manque d'eau. Constatant cette coïncidence, des spécialistes y ont vu la conséquence d'un détournement des eaux à des fins politiques. Mais le dépeuplement de la Babylonie du

Sud et du Centre n'était pas dans l'intérêt politique ou économique de Samsou-Ilouna. Il semble que le détournement ait accentué la déviation naturelle du cours de l'Euphrate vers l'ouest.

À la même époque, la région se trouva menacée par un autre désastre avec la venue d'un flot continu de Kassites, originaires du Zagros central. Ils sont mentionnés pour la première fois dans les textes neuf ans après la mort de Hammourabi, sous le règne de Samsou-Ilouna. Il semble que ce dernier ait repoussé une incursion des Kassites, mais, au cours des cent cinquante années suivantes, ses successeurs eurent à faire face à une immigration croissante en provenance du nord.

Au XVIIe siècle av. J.-C., les noms kassites apparaissent dans les documents commerciaux, montrant l'intégration de ce peuple. Il se pourrait même que les familles de l'élite mésopotamienne aient invité les Kassites, quand elles se trouvaient en conflit, à jouer les médiateurs. L'afflux des Kassites, s'il a introduit une certaine instabilité dans la société mésopotamienne, a aussi aidé à revivifier la région, selon Stone.

La période paléobabylonienne prend fin quand Babylone succombe à une attaque des Hittites vers 1595 av. J.-C. Les Hittites, qui vivaient en Anatolie dans ce qui constitue aujourd'hui la Turquie orientale, pillèrent la ville à la suite d'une guerre éclair, puis s'en retirèrent tout aussi précipitamment pour réprimer une révolution de palais qui avait éclaté chez eux. Mais le mal était fait, et dans le vide politique qui suivit, les Kassites installèrent leur propre dynastie. En 1460 av. J.-C., la plus grande partie de la Babylonie se trouvait sous leur contrôle.

C'étaient les Kassites qui allaient redonner vie à Our et à d'autres villes, désertées par leurs habitants depuis près de trois siècles. L'Américain Robert McCormick Adams a dressé des cartes, à partir de relevés de terrain et de photographies aériennes, montrant qu'à la fin du XIVe siècle av. J.-C. l'orientation des canaux s'était modifiée. Non seulement, de nouveaux canaux avaient été creusés, mais ils ne suivaient plus la pente naturelle de la plaine alluviale et passaient en travers pour amener aux cités renaissantes l'eau. Leur creusement fut une entreprise colossale, et ce ne furent pas des techniques nouvelles qui permirent aux Kassites de faire revivre d'antiques cités, mais une économie prospère et une population nombreuse qui assurait les travaux de construction et d'entretien.

Bien que des milliers de textes kassites aient été trouvés, ils n'ont toujours pas été publiés, et on sait peu de chose des quatre siècles de l'hégémonie kassite. Il ne semble pas que les cités-États qui survivaient à l'époque aient tenté de former des empires rivaux. On peut considérer cette allégeance comme un hommage rendu au bon gouvernement kassite. Mais, au XVe siècle av. J.-C., une nouvelle culture mésopotamienne apparaît plus au nord qui va enregistrer sur l'argile l'histoire de l'Assyrie.

LA TOUR DU CIEL ET DE LA TERRE

L'histoire de la tour de Babel a fasciné les esprits. Mais cette tour a-t-elle jamais existé, ou n'était-elle que le symbole de la folie des hommes? On lit dans le livre de la Genèse comment ceux-ci en sont venus à la construire. À une époque où «toute la terre avait un seul langage et les mêmes mots», les descendants de Noé, partant à l'orient, trouvèrent une plaine au pays de Chinéar [la Babylonie], et s'y établirent. «Ils dirent: «Bâtissons-nous une ville et une tour dont le sommet soit dans les cieux, et faisons-nous un nom, de peur que nous ne soyons dispersés à la surface de toute la terre.» Yahvé descendit pour voir ce que bâtissaient les fils des hommes. «Voilà qu'à eux tous ils sont un seul peuple et ont un seul langage; s'ils ont fait cela, rien désormais pour eux ne sera irréalisable de tout ce qu'ils décideront de faire. Descendons et brouillons leur langage de sorte qu'ils n'entendent plus le langage les uns des autres», puis comme il les dispersa, ils cessèrent de bâtir la ville. «Voilà pourquoi on l'appela du nom de Babel; car c'est là que Yahvé brouilla le langage des habitants de toute la terre, et c'est de là que Yahvé les dispersa à la surface de toute la terre.»

Il est intéressant de relever que *babel* est un terme hébreu qui vient de *babili*, ou «Porte de Dieu», l'ancien nom akkadien de Babylone. Le rédacteur de ce passage de la Genèse semble avoir associé babel, peut-être par un jeu de mots, à un autre terme hébreu, *bâlal*, qui signifie «mélanger ou confondre». Nul ne peut dire s'il savait qu'une tour avait été réellement construite à Babylone. Édifiée par Hammourabi, elle avait été reconstruite par Nabopalassar, puis restaurée sous Nabuchodonosor.

L'histoire de la tour de Babel a nourri pendant des siècles l'imagination des artistes, comme en témoignent l'enluminure médiévale ci-dessus et les peintures sur les pages suivantes. Le récit biblique et les représentations qui en ont été faites ont incité des voyageurs européens à aller à sa recherche. Mais quand les archéologues ont finalement retrouvé la tour à Babylone, ils ont eu une surprise.

Près de Bagdad, la ziggourat de la cité kassite de Dour Kourigalzou (XIVe siècle av. J.-C.) dresse sa carcasse dégradée derrière un mur d'enceinte rénové qu'elle dépasse de 57 mètres. Certains voyageurs ont cru jadis qu'il s'agissait de la tour de Babel. Les stries que l'on distingue sont constituées par des nattes de roseau et des cordes tressées que les bâtisseurs étendaient toutes les sept couches de briques pour les liaisonner, les drainer et les araser.

Peinture flamande du XVIe siècle où l'on voit se profiler dans un paysage plus européen que mésopotamien une tour de Babel inachevée ressemblant au cône d'un volcan. À droite, au premier plan, le roi Nemrod entouré de ses architectes surveille la construction. La tour de Babylone avait plus de 90 mètres de hauteur, et Nabuchodonosor considérait qu'elle rivalisait avec le ciel.

Bien que située elle aussi dans un paysage imaginaire, la tour de Babel de cette peinture flamande du XVIIe siècle est plus proche des ziggourats à base rectangulaire de la Mésopotamie antique que la version conique figurant sur la peinture précédente. L'artiste l'a dotée de plusieurs étages; l'historien grec Hérodote assurait que la tour de Babylone était à huit degrés et qu'un escalier en faisait le tour pour aboutir à un temple au sommet.

La colère de Dieu se déchaîne sur Babylone (gravure anglaise à la manière noire datant du siècle dernier). La scène représente la conquête de la ville par les Perses en 539 av. J.-C. La foudre tombe sur la tour pendant que les Perses mènent l'attaque avec leurs éléphants près de l'Euphrate et que les habitants fuient. En 323 av. J.-C., Alexandre le Grand voulut restaurer la tour et fit déblayer pendant soixante jours ses abords. Il désirait faire de Babylone sa capitale orientale, mais il mourut avant d'avoir réalisé son rêve.

Près de Babylone se profile la ziggourat de Birs Nimroud qui domine de ses 47 mètres de hauteur le désert alentour. Un temps, cette ruine fut prise elle aussi pour la tour de Babel par des voyageurs qui pensaient que les briques vitrifiées se trouvant à son sommet ou gisant à sa base (touchées par des éclairs) témoignaient de la colère de Dieu. Notant que la tour était fendue de haut en bas, un rabbin espagnol du XIIe siècle fut convaincu que «le feu du ciel l'avait atteinte au tréfonds».

Quand, au début du XXᵉ siècle, l'Allemand Robert Koldewey étudia la tour de Babylone, il constata qu'elle se limitait à un fossé rempli d'eau dessinant la base d'un carré de 90 mètres de côté et la position de l'escalier. On avait démantelé la tour pour utiliser ses briques.

Cette reconstitution de la tour et du temple vus du ciel se fondait sur les travaux de Koldewey et sur une ancienne tablette qui donnait les dimensions. Une autre étude, due à l'ingénieur allemand Hans-jörg Schmid, donne à penser que les sept niveaux de la tour étaient mieux définis et que les escaliers étaient plus longs.

En 1923, les fouilles de Koldewey inspirèrent à l'archéologue allemand Walter Andrae ce pastel de la tour de Babylone apparaissant derrière les murs du temple de Mardouk, principale divinité du panthéon babylonien.

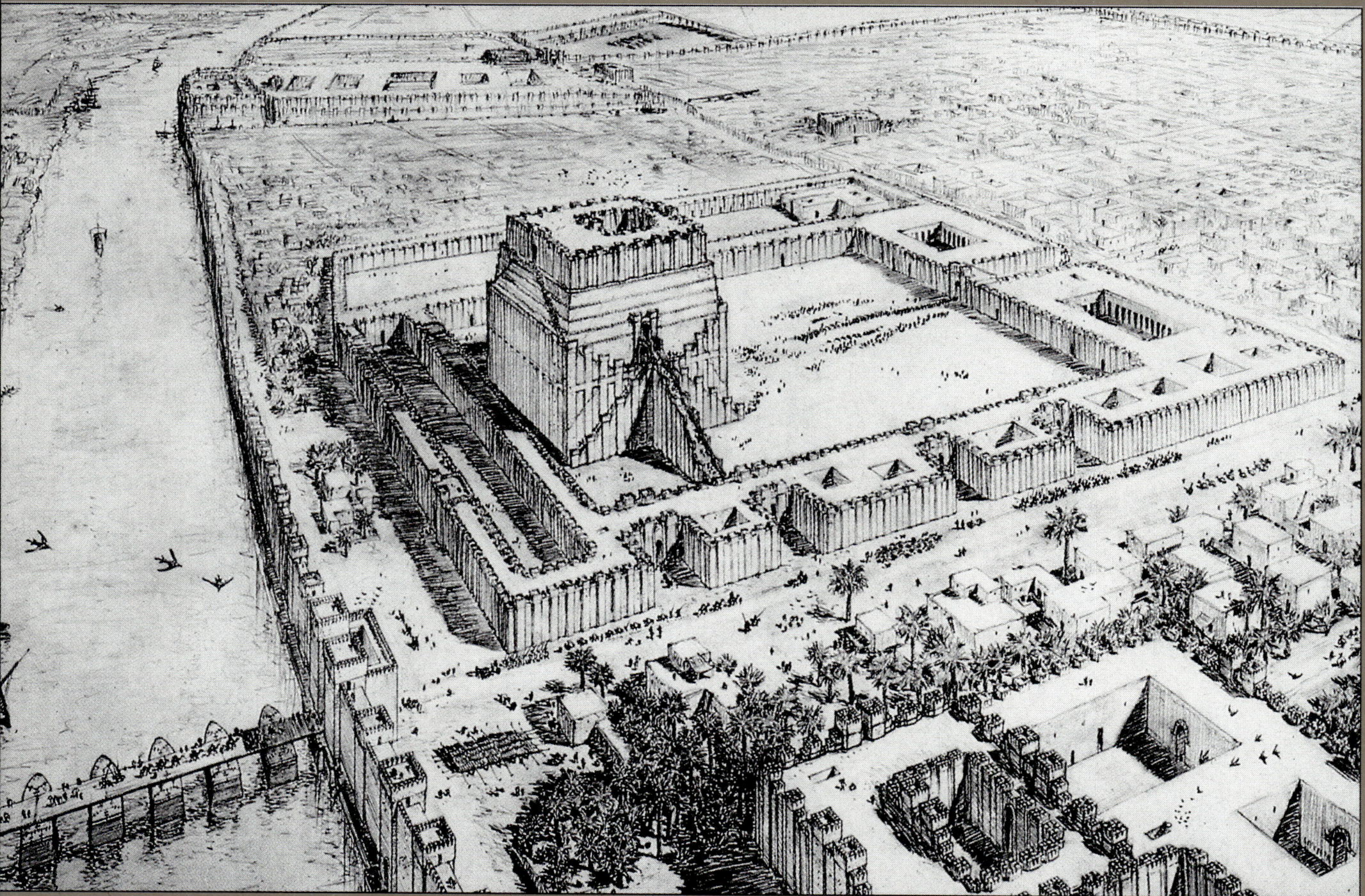

D E U X

LES SOUBRESAUTS DU COLOSSE ASSYRIEN

Le roi d'Assour, cité-État de la haute Mésopotamie située sur le Tigre, décida, aux environs de l'an 1900 avant notre ère, de prendre des mesures sévères pour stopper définitivement la contrebande à laquelle se livraient des marchands assyriens de sa ville établis en Anatolie. Il voulait ainsi apaiser les petits rois anatoliens qui avaient décrété que le commerce de certaines marchandises précieuses serait soumis à des conditions particulières. Une de ces marchandises précieuses était le fer, qu'on appelait «le métal céleste», sans doute parce qu'on le récupérait sur les météorites, étant donné qu'à cette époque on ne savait pas fondre le minerai. Le fer était si rare à l'âge du bronze qu'il se vendait huit fois plus cher que l'or.

Alarmé par la tournure que prenaient les événements, un marchand assyrien s'empressa d'avertir son associé qui habitait la ville anatolienne de Kanesh, dans la Turquie actuelle. Il lui envoya une tablette d'argile sur laquelle il avait inscrit ce message: «S'il vous plaît, ne faites rien passer en contrebande. Si vous vous arrêtez à Timilkia [une des principautés qui se trouvaient sur sa route], laissez le fer que vous transportez dans une maison amie et laissez sur place un de vos hommes de confiance, puis venez vous-même ici afin que nous puissions discuter de la question.» Dans sa lettre, il informait son correspondant du sort d'un marchand qui avait été arrêté par «le palais» et jeté en prison parce qu'il avait été trouvé en possession de marchandises de contrebande. Il le mettait aussi en garde contre la surveillance qu'exerçaient des «guetteurs».

Ce masque en faïence orné de perles de verre, date d'environ 1300 av. J.-C.. Il provient de Karana, ville d'Assyrie, où ont été exhumés de remarquables échantillons de verrerie ancienne.

On ne sait pas comment la situation évolua ni si les directives furent toujours strictement appliquées, mais, près de quatre mille ans plus tard, au début des années 1880, on a vu apparaître sur le marché des antiquités de Kayseri, en Turquie centrale, toute une correspondance de l'époque, dont faisait partie le message cité. Cette correspondance concernait essentiellement des transactions entre commerçants de Kanesh et d'Assyrie. L'écriture cunéiforme utilisée était aussi peu familière aux chercheurs qui essayaient de la déchiffrer que la mystérieuse cité à laquelle elle se référait. Mais quand ils eurent compris qu'il s'agissait d'une version archaïque de l'akkadien, la langue parlée dans toute la Mésopotamie, ils purent commencer à traduire les textes. Ils furent surpris de découvrir qu'à cette époque reculée, un demi-millénaire avant que l'Assyrie ne devînt une grande puissance en Mésopotamie, les Assyriens entretenaient déjà des relations commerciales avec des marchands qui vivaient à huit cents kilomètres de chez eux — distance que leurs caravanes mettaient deux mois à parcourir en passant par le Taurus. Jusque-là, on ne savait pratiquement rien de l'Assyrie du IIe millénaire, époque où les tablettes avaient été rédigées.

Ces tablettes avaient eu une histoire mouvementée. Les marchands d'antiquités de Kayseri, l'antique Césarée, les avaient obtenues des habitants d'un village voisin qui disaient les avoir trouvées sur un tertre des environs. C'était une tertre d'une vingtaine de mètres de hauteur que les villageois appelaient Kültepe, ce qui signifie «butte de cendre». Intrigué, le savant français Ernest Chantre, attaché au Muséum et chargé d'un cours d'ethnologie à la faculté des lettres de Lyon, alors en mission archéologique, entama l'exploration du site en 1893, qu'il relate dans son ouvrage *Recherches archéologiques dans l'Asie occidentale, mission en Cappadoce 1893-1894.* Il découvrit des vestiges d'anciennes constructions mais pas de tablettes. Marchant sur ses traces, d'autres chercheurs n'eurent pas plus de succès, car les autochtones n'avaient aucune envie de révéler la source de leurs trouvailles à des étrangers. En 1925, un archéologue tchèque, Bedrich Hrozny, procéda à un nouvel examen du site. Un indigène qui lui servait de cuisinier le conduisit à un endroit situé à une centaine de mètres au nord-est de la butte, et Hrozny ne tarda pas à découvrir à cet endroit une masse de tablettes. En les déchiffrant, il s'aperçut qu'il était tombé sur les restes d'un comptoir commercial situé dans un faubourg de Kanesh, là où des Assyriens, étrangers dans cette ville anatolienne, avaient vécu autrefois, travaillant comme représentants de maisons de commerce qui avaient leur siège à Assour.

Certes, les lettres trouvées dans le Kültepe montrent que, contrairement à ce que l'on pensait, les Assyriens, en cette période reculée de leur histoire — appelée par les historiens paléobabylonienne et paléoassyrienne,

Le magnifique collier ci-contre témoigne de l'étonnant rayon d'action des caravanes assyriennes de la haute époque. Fabriqué vers 1300 av. J.-C., il comporte des cylindres de lapis-lazuli importés du lointain Afghânistan et des perles de cornaline de provenance indienne. Il a été trouvé dans les ruines d'Assour, capitale de l'Assyrie, située sur la voie commerciale de la haute Mésopotamie reliant l'est au plateau anatolien.

de 2000 à 1600 av. J.-C. —, avaient déjà un vaste champ d'action, au moins sur le plan commercial, mais, comparés aux citoyens de la puissante Babylone, située à quelque mille deux cents kilomètres au sud, ils étaient encore assez peu évolués. Pourtant, ils étaient promis à un brillant avenir. Leur puissance commencerait à s'affirmer au cours du méso-assyrien (1600 à 1000 av. J.-C.) pour culminer durant le millénaire suivant qui verrait les néoAssyriens (1000 à 605 av. J.-C.) déferler à travers le Proche-Orient, renversant les trônes et bouleversant tout sur leur passage dans leur course à l'empire.

L'Assyrie ne manquait pas d'atouts pour y parvenir. Contrairement au sud de la Mésopotamie, son territoire recelait des ressources naturelles précieuses telles que la pierre, le bois et l'eau. Là où le Tigre et l'Euphrate s'écartaient pour former une zone de près de deux cent quarante kilomètres de largeur, appelée aujourd'hui Djézireh («l'Ile»), les paysans pouvaient cultiver leurs champs sans avoir besoin de les irriguer. Des champs de céréales et des vergers bordent aujourd'hui encore les deux fleuves et parsèment le paysage autour des sources et des puits de la région. Au-delà s'étend une steppe herbeuse qui, même de nos jours, offre au bétail des pâtures printanières.

La richesse de la région semble avoir suscité des convoitises parmi les tribus du Zagros à l'est, les peuples de l'Euphrate à l'ouest et les pillards des montagnes du Nord. L'Assyrie devait sans cesse rester vigilante pour se protéger contre leurs incursions. En outre, elle se trouvait fréquemment en conflit avec la Babylonie.

Les lettres de Kanesh montrent toutefois que les premiers souverains assyriens n'étaient pas des guerriers, contrairement à ceux d'une époque plus tardive. Ils s'intéressaient avant tout au commerce. Des recherches effectuées à Kanesh par des archéologues turcs dans les années qui suivirent la Seconde Guerre mondiale ont apporté une masse d'informations nouvelles concernant la colonie assyrienne établie dans cette ville et le commerce qui était sa raison d'être. À ce jour, plus de seize mille tablettes ont été exhumées qui donnent une image très vivante des relations commerciales existant entre la Mésopotamie septentrionale et l'Anatolie au XIXe siècle avant notre ère.

Des caravanes transportaient d'Assour à Kanesh des étoffes et de l'étain, métal qui, ajouté au cuivre, permet la fabrication du bronze. Les marchandises voyageaient à dos d'âne. À partir de Kanesh, elles étaient livrées aux diverses colonies marchandes assyriennes éparpillées à travers l'Anatolie. Les commerçants assyriens étaient payés en argent ou plus rarement en or et les sommes versées étaient renvoyées à Assour.

Les marchandises et les matières premières n'étaient pas toujours d'origine assyrienne. L'étain, par exemple, qui n'était pas produit en Mésopotamie, venait vraisemblablement de Perse, et certaines étoffes, considérées par les Anatoliens comme de qualité supérieure aux tissus fabriqués en Assyrie, venaient de Babylonie.

Manifestement, les Assyriens étaient des intermédiaires, des importateurs-exportateurs qui réalisaient leurs profits en pratiquant de fortes augmentations de prix allant de cent à six cents pour cent. Mais, comme toujours depuis, leur marge bénéficiaire était sensiblement réduite par les droits de douane qu'il leur fallait acquitter aussi bien au départ des marchandises, à Assour, qu'à leur arrivée, à Kanesh, et aussi par les péages, représentant dix pour cent de la valeur des marchandises, et qu'ils étaient obligés de régler pour pouvoir traverser les villes sur leur itinéraire. Ainsi que l'on s'en doute, tous ces obstacles ne pouvaient qu'encourager la contrebande.

L'image du commerce de l'époque que l'on retire de la lecture des tablettes est extraordinairement détaillée. On apprend ainsi que la charge d'un âne était de deux cents livres. L'étain était placé dans des ballots que l'on scellait avec des cachets d'argile pour prévenir les larcins. On le transportait dans des paniers attachés aux flancs de la bête tandis que les étoffes, classées selon la qualité, étaient mises dans des sacs sur son dos. Les étoffes étaient généralement tissées dans les ateliers des temples, mais certaines étaient tissées par des femmes qui travaillaient à domicile et qui parfois négociaient directement avec les caravaniers le transport de leur marchandise. Une fois le chargement effectué, la caravane partait, s'engageant sur une route dangereuse où des brigands pouvaient être aux aguets. Mais il semble que les voleurs créaient moins de difficultés aux caravaniers que les obstacles posés par la nature, surtout en montagne, là où les loups et la rigueur du climat constituaient une menace pour les convois et où les ânes mouraient parfois en chemin.

La plupart des affaires commerciales étaient des entreprises familiales qui s'associaient à des tiers pour financer leurs opérations. Dans ces sortes de contrat d'association, une garantie était nécessaire, et l'emprunteur mettait parfois en gage tous ses biens, femmes et enfants compris. Si par la suite il s'avérait incapable de rembourser, les membres de sa famille étaient vendus comme esclaves pour régler ses dettes.

Autant les lettres de Kanesh sont éclairantes, autant l'histoire de l'Assyrie au IIe millénaire demeure obscure. Des siècles entiers s'écoulent pour lesquels les archéologues n'ont quasiment exhumé aucune inscription. Les rares documents concernant cette période de l'histoire de l'Assyrie sont les fameuses «listes royales» qui tracent, non sans quelques contradictions, ce qui est présenté comme une suite ininterrompue de cent dix-sept souverains assyriens ayant régné depuis le IIIe millénaire jusqu'à la fin du VIIIe siècle avant notre ère. Pour les rois les plus anciens, les listes n'énumèrent que des noms, et, parmi les suivants, dix-sept au moins étaient de simples nomades vivant sous la tente et protégeant la cité tandis que d'autres encore gouvernaient un territoire qui ne dépassait guère les limites de leur propre petite ville.

Photographie aérienne prise à partir d'un cerf-volant et représentant une cité jadis imposante, Shoubat-Enlil, l'ancienne capitale du puissant souverain assyrien Shamshi-Adad qui régna de 1831 à 1781 av. J.-C. On distingue les murs des maisons en brique crue qui bordaient une rue aujourd'hui percée de puits. La ville, dont le site se trouve sur le territoire de la Syrie actuelle, dominait à l'époque les terres fertiles de la vallée du Khabour, qui ont longtemps été la principale source de ravitaillement de l'Assyrie.

Le trente-neuvième des listes royales est Shamshi-Adad qui régna à la fin du XIXe et au début du XVIIIe siècle avant notre ère; il est parmi les premiers rois de la haute Mésopotamie qui nourrirent des ambitions impériales. D'origine amorrite, il était fils d'un souverain régnant sur une petite principauté du moyen Euphrate. Dans sa jeunesse, il avait visité la Babylonie. De retour chez lui, il avait mené avec succès une attaque contre Ekallatoum, ville forte située à l'est du Tigre et au nord d'Assour, où il allait séjourner trois ans. À partir de cette base, il avait porté son regard sur le royaume de Mari, qui se trouvait à deux cent quarante kilomètres environ au sud d'Assour et qui, au début du XVIIIe siècle av. J.-C., paraissait pouvoir être cueilli comme un fruit mûr. Le roi de Mari à cette époque était Iakhdounlim; il semble qu'il ait péri à la suite d'une révolution de palais, tué peut-être par l'un de ses propres fils. Profitant des désordres qui suivirent cet assassinat, Shamshi-Adad s'empara de Mari et y installa en tant que vice-roi Yasmah-Adad, le plus jeune et le plus instable de ses fils. Puis il confia Ekallatoum à son fils aîné, Ishme-Dagan, alors que lui-même s'emparait d'Assour. Remportant succès sur succès, il étendit son royaume à la quasi-totalité de la haute Mésopotamie.

La ville que Shamshi-Adad choisit pour capitale de son royaume ne fut ni Assour ni Mari mais Shoubat-Enlil, récemment localisée sur le site actuel de Tell Leilan, à quelque deux cent quarante kilomètres au nord-ouest d'Assour, près des sources du Khabour, affluent de l'Euphrate au nord-est de la Syrie. Les fouilles effectuées sur ce site dans les années soixante-dix par une équipe américaine de l'université Yale ont dégagé les vestiges d'une cité couvrant quatre-vingt-dix hectares et dont les murs s'élèvent encore par endroits à quinze mètres au-dessus de la plaine. Elle était dominée par une acropole de quinze hectares comportant un temple flanqué d'un édifice en forme de ziggourat. À l'intérieur du temple gisaient les restes de colonnes figurant des troncs de palmiers.

C'est sous le règne de Shamshi-Adad que les villes de Ninive et d'Erbil furent réunies pour la première fois au sein d'un royaume unique. Assour doit à ce souverain la reconstruction de son grand temple édifié sur un promontoire qui dominait la ville. Ce temple, voué à l'origine au culte du dieu sumérien Enlil, «seigneur de l'Air», fut consacré par Shamshi-Adad à Assour, dieu éponyme de la cité.

Shamshi-Adad devait fonder également plusieurs villes nouvelles, notamment dans la plaine de la Djezireh, entre le Tigre et l'Euphrate. La plupart d'entre elles n'ont pas encore été explorées à ce jour. Les fouilles que l'archéologue britannique David Oates a dirigées dans les années soixante sur le site de Tell al-Rimah, situé à une centaine de kilomètres au nord-ouest d'Assour, entre le Tigre et l'Euphrate, se sont concentrées sur les ruines d'une de ces villes nouvelles, connue dans l'Antiquité sous le nom de Karana. C'était, selon les termes de l'archéologue, «une ville de province paisible et modérément prospère». Son temple, dont les colonnes présentent également des traces significatives de décoration en forme de tronc de palmier, avait des dimensions à la mesure des ambitions impériales de Shamshi-Adad.

On possède heureusement une riche documentation sur l'empire de Shamshi-Adad grâce aux archives royales découvertes par André Parrot à Mari ainsi qu'à quelques-unes des tablettes en écriture cunéiforme déterrées à Kanesh, là où était établie une colonie de marchands assyriens. Cette documentation comprend notamment toute une correspondance entre Shamshi-Adad et ses fils; elle éclaire non seulement les affaires politiques de l'époque mais aussi les rapports tendus qui existaient au sein de la famille royale elle-même.

Colonnes décoratives en plâtre et en brique crue, vieilles de 4 000 ans, ornant l'enceinte massive du grand temple de Shoubat-Enlil, que les archéologues ont dégagé au début des années quatre-vingt. Les plus travaillées sont les colonnes en spirale faites de briques préformées qui s'enroulent dans des directions opposées. D'autres colonnes, non photographiées ici, évoquent des troncs de palmiers.

À l'instar de nombre d'autres rejetons à toutes les époques, Yasmah-Adad, gouverneur de Mari, se faisait gronder par son père à cause de son indolence. «Es-tu un enfant ou un homme?», lui écrivait-il à la suite d'on ne sait quel incident qui s'était produit à sa cour. «N'as-tu pas de la barbe au menton? Alors que tu as atteint ta maturité, tu n'as pas encore fondé un foyer. Qui s'occupe de ton ménage?» Dans une autre lettre, Shamshi-Adad reproche à ce même fils de se complaire à rester «allongé parmi les femmes» alors que l'aîné, Ishme-Dagan, gouverneur d'Assour à cette époque, marche à la tête de ses troupes, remportant victoire sur victoire pour le plus grand profit de l'empire. Dans une autre lettre encore, il se demande combien de temps encore il lui faudra tenir le plus jeune de ses fils par la main pour le guider dans ses tâches administratives alors que l'aîné se montre si brillant à la tête de ses armées.

Piqué au vif, Yasmah-Adad n'hésita pas à répondre à l'une des réprimandes de son père: «Comment se fait-il, papa, que, bien que j'aie grandi auprès de toi depuis ma prime enfance, un quelconque serviteur ait réussi aujourd'hui à me priver de l'affection de mon père?» Le style plaintif de la lettre devient ensuite plus virulent: «Puisque c'est ainsi, j'arrive tout de suite pour régler avec toi, papa, cette question qui me chagrine.» On ignore quel fut le résultat de sa visite, mais ce qu'on sait, c'est que Yasmah-Adad conserva son poste de vice-roi.

Étant donné la tension existant entre père et fils, il n'est pas surprenant qu'il y ait eu aussi des petites querelles entre les deux rejetons. Le gouverneur d'Assour Ishme-Dagan se montre aussi critique que son père à l'égard de son propre-à-rien de frère. Il lui dit dans une lettre de cesser de geindre, et de devenir un homme. Une autre fois, il lui reproche d'avoir réagi trop vivement à un incident local et d'avoir mis toute l'armée en branle pour avoir déclenché un système d'alarme qui consistait, semble-t-il, dans l'allumage de feux de détresse transmettant de proche en proche à travers tout le pays un appel au secours. «Parce que tu as allumé deux feux au cours de la nuit, lui dit-il sèchement, il se peut que les forces du pays tout entier s'empresse de voler à ton secours.»

En fin de compte, cependant, aucun des deux fils du roi ne se montra capable de chausser les bottes de leur père, et l'empire de Shamshi-Adad, dont le principal ciment avait été la forte personnalité du souverain, commença à se désagréger quand celui-ci mourut, en 1781 avant notre ère. Le fils aîné, Ishme-Dagan, avait à peine pris la place de son père sur son trône à Shoubat-Enlil qu'il en était chassé par les Élamites venus du sud de la Perse, bien qu'il eût précédemment assuré son frère qu'il tenait l'ennemi «bien en main». Quant à Yasmah-Adad, l'incapable, qui n'avait plus son père pour le conseiller et le guider, il ne tarda pas à être privé de son poste de vice-roi à Mari. Il fut remplacé sur le trône par le dernier roi de Mari, Zimrilim, l'ancien ami et allié de Hammourabi, qui, en tant que fils du précédent monarque, possédait un titre légitime à la succession.

Le gobelet ci-dessus, remarquable exemple de l'art du verrier paléoassyrien, a été moulé dans du verre opaque puis décoré par un artisan qui a appliqué sur la matière encore tendre des tiges de verre coloré partiellement fondu et les a déplacées de haut en bas pour obtenir des zigzags. Il a été trouvé lors des fouilles effectuées par une équipe britannique à Tell al-Rimah, très grande butte située sur le territoire de l'Irak actuel et contenant les restes d'une ville assyrienne du VIe millénaire avant notre ère.

Au XVᵉ siècle avant notre ère, quand les projecteurs de l'histoire éclairent à nouveau l'Assyrie, ils révèlent un monde transformé. Désormais, deux nouveaux empires se livrent à une lutte d'influence dans la région, assurant un délicat équilibre que des contacts diplomatiques réguliers entre eux et avec les monarques d'Égypte et de Babylone aident à maintenir. Le premier de ces empires est celui des Hittites d'Anatolie. En développant leurs aptitudes militaires, les Hittites étaient devenus les rivaux de l'Égypte pour la domination du Proche-Orient. Hattousas, leur capitale, se situait à neuf cents mètres au-dessus des plaines de l'Anatolie centrale et à cent quarante-cinq kilomètres environ à l'est de l'actuelle Ankara, capitale de la Turquie. La lecture des tablettes de Hattousas enseigne que les Hittites avaient élaboré un système de protection tout au long de leurs frontières en y installant un réseau de fortifications. Les instructions destinées aux dignitaires chargés de ces points de protection nous informent sur le mode de vie de ceux qui avaient pour tâche de guetter sans relâche des mouvements suspects. À la moindre alerte, ils étaient tenus de se replier à l'intérieur et de ramener les troupeaux; la plus petite infraction les exposait à des punitions sévères. Les Hittites avaient déjà montré au début du XVIᵉ siècle av. J.-C. qu'ils représentaient une force en Mésopotamie à la suite de leur raid contre Babylone, qui avait laissé la cité sans défense contre ses ennemis.

Arcades en brique crue du grand temple de Tell al-Rimah. Rajoutées au XVᵉ siècle av. J.-C., ce sont les premiers exemples de voûte authentiques. Le temple est un édifice massif du XVIIIᵉ siècle érigé, selon les spécialistes, sous Shamshi-Adad au centre de la cité marchande de Karana.

Bien que conscients de la menace que les Hittites représentaient pour eux, les souverains qui régnaient sur les cités-États de la haute Mésopotamie étaient plus directement concernés par l'autre nouvelle puissance qui les affrontait plus près de chez eux: le royaume du Mitanni, peuplé en grande partie de Hourrites.

Les Hourrites n'étaient nullement des nouveaux venus dans la région. Sans doute originaires des hautes terres de Transcaucasie, ils avaient commencé à se déplacer vers le sud au cours du IIIᵉ millénaire. Les chercheurs ont trouvé la trace de leur présence en Mésopotamie en relevant des noms hourrites sur des tablettes de diverses provenances, tâche facilitée par le fait que la langue hourrite, ni sémitique ni indo-européenne, est très différente des autres langues de la région. En général, les Hourrites étaient restés cantonnés au nord de la plaine mésopotamienne. À l'époque de Shamshi-Adad, il y avait une série de cités-États hourrites s'étendant du nord de la Syrie jusqu'au Zagros, dans l'Iran actuel. À son apogée, au XVe siècle av. J.-C., le royaume du Mitanni englobait Assour et une partie du littoral méditerranéen de la Turquie actuelle. On pense que sa capitale, Washoukanni, se trouvait dans les plaines du Khabour, non loin de Shoubat-Enlil, la capitale de Shamshi-Adad, mais on n'en connaît pas le site exact.

L'apparition du vaste empire du Mitanni reste encore enveloppée de mystère, et, pour la suite de son histoire, une grande partie de nos connaissances nous viennent non de haute Mésopotamie mais d'Égypte. C'est en effet à Tell el-Amarna, sur la rive gauche du Nil, site de l'éphémère capitale égyptienne Akhet-Aton sous le règne du pharaon Akhenaton, qu'une paysanne fouillant dans un amas de déchets découvrit en 1887 un lot de plusieurs centaines de tablettes rédigées en caractères cunéiformes représentant une correspondance diplomatique. Venant de ce village, quelques-une de ces tablettes arrivèrent sur le marché des antiquités au Caire.

Les chercheurs occidentaux ne tardèrent pas à apprendre l'existence des lettres d'Amarna. L'un d'eux était E. A. Wallis Budge, du département des antiquités orientales du British Museum, à Londres. Alors que certains de ses collègues considéraient ces tablettes comme des faux et que d'autres s'abstenaient de prendre position, Budge, dont la curiosité avait été éveillée, partit tout de suite pour l'Égypte afin d'y mener une enquête. Contrairement à la plupart des égyptologues de son temps qui ne savaient déchiffrer que les hiéroglyphes, Wallis Budge connaissait aussi l'écriture cunéiforme, ce qui lui permit de confirmer que les tablettes étaient authentiques. Il réussit par la suite à faire l'acquisition de quelques-unes de ces lettres pour son musée.

Très vite, il apparut que les tablettes d'Amarna étaient des archives diplomatiques constituées par des lettres reçues de souverains étrangers par les cours des pharaons Aménophis III et Akhenaton entre le XVe et le XIVe siècles avant notre ère. Elles étaient rédigées en akkadien, ancienne langue mésopotamienne qui était utilisée pour la correspondance internationale de l'époque. Il y avait là une cinquantaine de missives provenant de souverains hittites, babyloniens et assyriens, ainsi que des rois du Mitanni. Jusque-là, la communauté scientifique n'avait pas soupçonné l'importance du Mitanni dans les affaires politiques de l'époque, et les tablettes modifièrent profondément l'idée que l'on se faisait au siècle dernier du monde antique. Elles révélèrent que les souverains du Mitanni et de l'Égypte traitaient d'égal à égal et nouaient entre eux des alliances. Les pharaons épousèrent des princesses mitanniennes comme Taduheba, que son père Dushratta, roi du Mitanni, avait donnée en mariage à Aménophis III; Dushratta se sentait assez sûr de lui pour demander en échange au pharaon qu'il lui envoyât une statue en or de l'épousée afin, comme il dit, que sa fille ne lui manquât pas.

D'autres lettres parlent du roi du Mitanni qui avait retiré du temple de Ninive la statue d'Ishtar, déesse de la Fécondité connue pour son pouvoir de guérison, et l'avait expédiée en Égypte pour permettre à Aménophis de recouvrer la santé. Assour et d'autres villes du Nord étaient à l'époque les vassales du Mitanni; c'est ce qui ressort d'un autre important lot de tablettes exhumé par des archéologues américains à Nuzi, dans le nord-est de l'Irak, entre 1925 et 1931. Nuzi se trouve non loin de l'actuelle Kirkuk, à une centaine de kilomètres d'Assour, dans une direction opposée par rapport au royaume du Mitanni. Pourtant, les tablettes montrent que les citoyens de Nuzi, Mésopotamiens écrivant en langue akkadienne, se considéraient tout naturellement comme des sujets du Mitanni.

Les souverains d'Assour avaient peut-être fait taire leurs ambitions pendant les années de la domination mitannienne, mais les tablettes d'Amarna montrent qu'en réalité ils n'y avaient jamais véritablement renoncé. Au début du XVe siècle av. J.-C., un roi d'Assour avait envoyé des présents au pharaon Thoutmosis III — du lapis-lazuli et des boiseries d'ornement — pour le féliciter de sa victoire sur les Syriens à Megiddo. Cette initiative laisse supposer que l'Assyrie avait encore, à cette époque, une politique extérieure indépendante. À la fin de ce même siècle, les murs d'Assour furent reconstruits et, peu après, un nouveau traité de délimitation des frontières fut signé avec les Babyloniens. Les Assyriens paraissaient progresser régulièrement dans la réalisation de leurs objectifs en attendant l'occasion de se lancer dans une nouvelle phase d'expansion.

Cette occasion allait se présenter au milieu du XIVe siècle av. J.-C., quand le Mitanni parut gravement affaibli par des conflits internes à la suite de l'assassinat de son roi. Au cours de la guerre civile qui suivit, une des parties fit appel à l'aide de puissances voisines, parmi lesquelles les Hittites et une Assyrie renaissante. Le Mitanni se trouva attaqué sur plusieurs fronts et succomba rapidement sous la pression. Sa population allait continuer de jouer un rôle important au Proche-Orient dans les siècles à venir, mais le royaume, lui, était pratiquement détruit. En l'espace de quelques décennies, sa partie orientale deviendrait une province assyrienne et sa partie occidentale serait réduite à un protectorat hittite. Il ne resterait plus, au siècle suivant, qu'un État-croupion.

Ce remarquable lion en bronze* (ci-contre) *qui montre les dents est un des rares vestiges de la civilisation hourrite. Il s'amincit vers le bas pour devenir une simple cheville destinée à être insérée dans les fondations d'un édifice afin d'assurer une protection magique contre les malfaiteurs. Le lion est doté de pattes surdimensionnées qui reposent sur une plaque portant le nom, inscrit en hourrite, de Tishatal, qui fut roi d'Ourkish, cité-État hourrite située à la limite septentrionale de la Mésopotamie.

Le partage du royaume de Mitanni marque le début de la première période d'expansion assyrienne. C'est la période dite mésoassyrienne, où la conquête de nouveaux territoires sous la conduite de souverains puissants et énergiques alterne avec des mouvements de repli sous le règne de princes pusillanimes et plus faibles. Mais, même peu combatif, un monarque assyrien ne manquait pas de recrues pour son armée, car les périodes de service militaire cadraient parfaitement avec le cycle annuel des occupations agricoles. Les paysans, qui formaient le gros des troupes, rentraient la moisson au début de l'été, et étaient ainsi disponibles pour le service actif durant la saison où les cols de montagne étaient libres de neige. Les rois profitaient de la disponibilité des hommes pour monter, chaque année, des opérations militaires sur les hautes terres du Zagros afin de soumettre les chefs des tribus nomades qui constituaient une menace permanente pour leur pays. Ils menaient également des expéditions de plus grande ampleur sur les riches terres de l'Ouest, où vivait une population sédentaire. Ces opérations, contrairement à celles qui étaient menées dans les montagnes, présentaient toujours le risque d'un affrontement avec les troupes d'une puissance rivale, et notamment avec les Hittites.

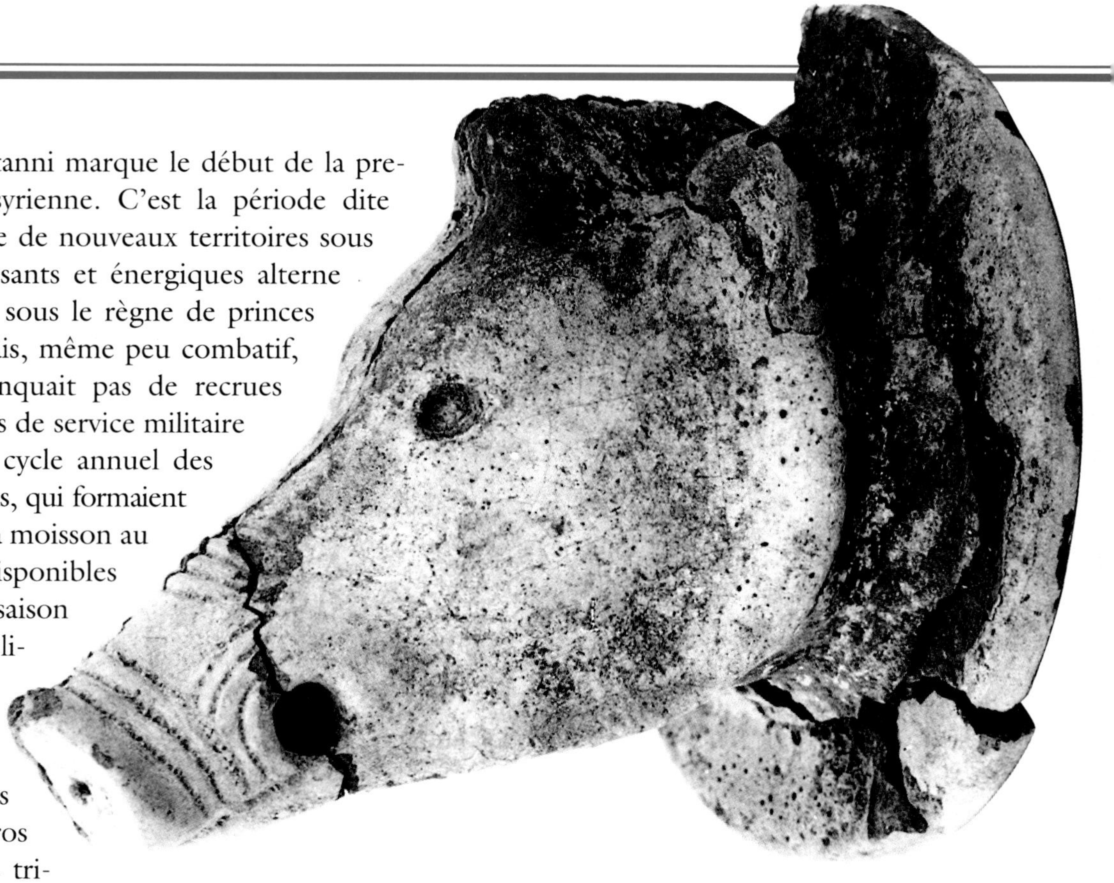

Tête de verrat en terre cuite émaillée remontant à 1350 av. J.-C. et provenant de Nuzi, cité hourrite située en Irak. Les porcs ont peut-être été domestiqués plus tôt qu'on ne le pensait. On a récemment découvert dans les ruines d'anciens villages du Taurus, en Turquie orientale, des quantités considérables d'ossements de porcs datant de 10 000 ans, ce qui tend à montrer que le porc a été domestiqué avant même le mouton ou la chèvre.

Celui qui lança l'Assyrie dans la voie des conquêtes fut le souverain Assour-ouballith Ier, qui monta sur le trône en 1365 av. J.-C. Il réussit, au moment où le royaume mitannien s'écroulait, à s'emparer des riches terres agricoles situées au nord et à l'ouest d'Assour, qui allaient constituer le cœur de l'Empire assyrien dans les sept siècles à venir. Pénétré de sa nouvelle importance, Assour-ouballith se sentit suffisamment assuré de ses positions pour envoyer un émissaire en Égypte avec mission d'établir avec ce pays des relations diplomatiques. « Je vous ai envoyé un émissaire, écrivit-il au pharaon Akhenaton, pour prendre contact avec vous et avec votre pays. J'entre en rapport avec vous aujourd'hui puisque aucun de mes ancêtres ne l'avait fait à ce jour. »

Il semble que la mission, facilitée par l'octroi de présents — un char et des bijoux en lapis-lazuli — ait été couronnée de succès, car une deuxième lettre, trouvée elle aussi dans les tablettes d'Amarna, mentionne l'accueil réservé à des envoyés égyptiens à la cour d'Assyrie. En échange de nouveaux présents, Assour-ouballith demande au pharaon de lui faire envoyer une bonne quantité d'or pour décorer un palais qu'il est en train de construire, et il lui fait remarquer que l'or en Égypte paraît se développer «comme la poussière».

Parmi les voisins de l'Assyrie, cette présomption de la part du souverain d'un pays qui venait à peine d'accéder à l'indépendance ne pouvait manquer d'attirer l'attention. Une lettre du roi de Babylone laisse penser que ce dernier avait eu l'espoir à l'époque de remplacer la suzeraineté mitannienne sur l'Assyrie par la sienne. Il reproche au pharaon ses relations avec l'Assyrie. «Or ce n'est pas moi, lui écrit-il, qui vous ai adressé les Assyriens, mes sujets; ils ont agi de leur propre initiative. Pourquoi sont-ils allés dans votre pays? Si vous tenez à moi, il ne faut pas qu'ils fassent des achats chez vous; renvoyez-les les mains vides!»

Mais la suzeraineté que prétendait exercer Babylone devait se révéler impraticable, et, à la fin du règne d'Assour-ouballith, le rapport des forces entre les deux États voisins allait pencher de façon décisive en faveur de l'Assyrie après une série d'alliances instables. Une telle entente avait été consacrée par le mariage d'une fille d'Assour-ouballith avec le roi de Babylone. Par la suite, le fils issu de cette union ayant été détrôné et tué par des rebelles qui le considéraient comme un agent de l'Assyrie, Assour-ouballith envahit Babylone pour venger son petit-fils. Il réussit à déposer l'usurpateur et à placer l'homme de son choix sur le trône de Babylone. À la mort d'Assour-ouballith en 1328 av. J.-C., l'Assyrie était devenue une grande puissance, surpassée seulement par les Hittites.

Les successeurs d'Assour-ouballith poursuivirent sa politique militaire avec des fortunes diverses. Son arrière-petit-fils Adad-Nirari Ier (1305-1275 av. J.-C.) prit l'habitude de se présenter dans les inscriptions comme «roi de l'Univers». Il eut également l'audace d'écrire «mon frère» en s'adressant dans une lettre au puissant souverain hittite comme s'il était son égal. Cette prétention lui attira une cinglante rebuffade. «Pourquoi parler avec vous de fraternité? lui répondit le monarque hittite; sommes-nous issus, vous et moi, de la même mère?»

Leur orgueil n'empêchait pas les rois hittites de se sentir menacés par l'ascension de l'Assyrie, et c'est sans doute cette crainte qui les poussa à conclure avec l'Égypte, en 1269 av. J.-C., un pacte de non-agression et d'assistance mutuelle, le pharaon Ramsès II et le roi Hattousilis III s'engageant à se secourir mutuellement en cas d'agression par un tiers. D'autres mesures furent prises par le souverain hittite à l'encontre de l'Assyrie, notamment des sanctions d'ordre économique. Dans une lettre adressée au gouverneur d'un état vassal syrien, il écrit: «Aucun de vos marchands ne doit se rendre en Assyrie et vous ne devrez laisser entrer chez vous aucun marchand assyrien.» Malgré tout, le rôle toujours grandissant que jouait la nouvelle puissance ne pouvait plus être nié, et, dans une correspondance diplomatique qui a survécu, on voit ce même souverain hittite consentir, contrairement à son prédécesseur, à donner du «mon frère» à son homologue assyrien.

À ce stade, les souverains assyriens manifestaient d'ores et déjà cette brutalité qui serait leur marque pour la postérité. Salmanasar Ier (1275-1244 av. J.-C.) inaugura une pratique que ses successeurs allaient entériner, consistant à transporter des prisonniers de guerre en Assyrie pour les y installer en les employant généralement à des travaux forcés. Il fit venir ainsi du Mitanni quatorze mille quatre cents prisonniers auxquels, nous dit une inscription, il avait fait crever les yeux pour garantir leur docilité. Certains spécialistes pensent plutôt qu'on leur avait crevé un seul œil afin de ne pas compromettre la rentabilité de leur travail.

Toukoulti-Ninourta Ier, le fils de Salmanazar, fut un autre grand chef militaire, qui porta à son apogée le premier empire assyrien. À l'imitation de son père, il se fit construire une capitale, Tar-Toukoulti-Ninourta, face à Assour. Il organisa, comme ses prédécesseurs, des raids contre les farouches tribus montagnardes du Zagros, mais ses succès furent tels, du moins à l'en croire, qu'il ramena dans sa capitale, corde au cou, non moins de quarante de leurs chefs. Ces derniers furent autorisés par la suite à rentrer chez eux en tant que vassaux de la puissance assyrienne.

Toukoulti-Ninourta est cependant resté dans les mémoires en raison d'une autre campagne qui, bien que victorieuse, allait finir par causer sa perte. Ayant envahi la Babylonie, il battit d'une façon magistrale, en 1225 av. J.-C., les forces du roi kassite Kashtiliash IV, qu'il captura. Une inscription commémorant cette victoire est ainsi libellée: «J'ai mis mon pied sur le cou du roi comme sur un repose-pied. Je l'ai amené dévêtu et ligoté devant Assour, mon Seigneur. Jusqu'aux confins de Sumer et d'Akkad j'ai étendu ma domination. Sur la mer inférieure du soleil levant [le golfe Persique] j'ai fixé la frontière de mon pays.»

Grisé par ses victoires, Toukoulti-Ninourta Ier commit cependant une grave erreur, celle de ramener de Babylone à Assour, comme butin de guerre, la statue du dieu Mardouk. Bien que dieu tutélaire de Babylone, Mardouk était vénéré dans tout le monde mésopotamien et

LA PREMIÈRE ÉPOPÉE DE L'HISTOIRE

L'une des découvertes les plus extraordinaires qui ait été faite au siècle dernier lors des fouilles effectuées dans la bibliothèque d'Assourbanipal à Ninive a été celle de dizaines de tablettes contenant la majeure partie d'un récit vieux de 4 000 ans — *L'Épopée de Gilgamesh* — qui constitue la première grande œuvre de littérature épique de l'histoire.

C'est l'histoire du héros sumérien Gilgamesh, roi d'Ourouk, qui se lie d'amitié avec Enkidou, son ancien rival, et qui, avec lui, décide de tuer Houmbaba — un horrible monstre responsable des incendies, des inondations et de la peste. Ils le rencontrent dans une lointaine forêt de cèdres et le tuent. C'est une scène que les artistes de l'ancienne Mésopotamie n'ont cessé de reproduire dans leurs sculptures et sur des cachets, tel celui ci-dessus, où l'on voit le deuxième personnage à partir de la gauche, sans doute Gilgamesh, s'apprêtant à décapiter Houmbaba avec l'aide d'Enkidou qui serait le personnage barbu à droite.

Grisés de gloire, les deux amis succombent à l'orgueil. Alors qu'ils rentrent à Ourouk, Gilgamesh a l'audace de rejeter une proposition de mariage que lui fait la déesse Ishtar. Pour se venger, Ishtar charge le grand «Taureau céleste» de le punir, mais, une fois de plus, Gilgamesh et Enkidou triomphent de leur adversaire. Toutefois, tuer un être divin c'est commettre un sacrilège et le destin va les punir de leur démesure. Enkidou devra le premier le payer de sa vie, en mourant dans les bras de son ami.

Éperdu de douleur et hanté désormais par la peur de la mort, Gilgamesh s'éloigne d'Ourouk et s'en va errer à travers le Proche-Orient, triomphant de nombreux périls tout au long de sa route. En chemin, il entend l'histoire d'une grande inondation qui, comme le Déluge de la Bible, faillit engloutir toute l'humanité.

S'étant fait à l'idée que la mort est le lot de tous, il revient à Ourouk, où, devenu un souverain raisonnable et modéré, il attend l'heure de descendre à son tour aux enfers. Il entreprend cependant la construction d'une magnifique enceinte qui protégera sa ville et ses fidèles sujets pendant toute la durée de son règne.

la témérité dont avait preuve le souverain assyrien en s'emparant de sa statue fut considérée par beaucoup de ses sujets comme sacrilège. Une des premières productions littéraires assyriennes — une épopée décrivant la campagne de Babylonie — s'efforce de réfuter cette idée. Elle souligne que Toukoulti-Ninourta, au départ, ne voulait pas la guerre, bien qu'ayant été provoqué par une incursion babylonienne en Assyrie, et elle assure que Mardouk avait en fait retiré sa protection au roi kassite de Babylone en refusant de lui accorder de bons présages.

Le royaume kassite de Babylone parvint à se reconstituer; lassés par les sept années de règne du roi fantoche placé sur le trône par Toukoulti-Ninourta, les Babyloniens se révoltèrent contre lui, et, dans la capitale assyrienne, une faction vit dans le succès de cette révolte le signe d'un châtiment divin infligé au souverain assyrien. Une chronique indique brièvement quel fut son sort: «Toukoulti-Ninourta qui avait porté la main sur Babylone pour une mauvaise action: Assournazirpal, son fils, et les membres de la noblesse d'Assour se sont révoltés contre lui; ils l'ont retiré de son trône, emprisonné dans un des bâtiments de Tar-Toukoulti-Ninourta, sa capitale, et tué avec une arme.»

Les troubles et les incertitudes qui suivirent l'assassinat de Toukoulti-Ninourta étaient à l'image d'un désordre plus général dans lequel le monde semblait s'enfoncer à cette époque. En particulier, le rapport des forces au Proche-Orient avait été radicalement modifié par la prise et la destruction vers 1200 av. J.-C. de la capitale hittite, Hattousas, à la suite d'une agression venue d'on ne sait où, et par l'effondrement consécutif de l'Empire hittite dont les frontières débordaient alors le plateau anatolien et englobaient une partie du Levant. L'attaque contre la capitale hittite semble liée à l'agitation et à l'instabilité qui caractérisaient le Proche-Orient à l'époque et que traduisaient de grands mouvements de population. La période est marquée par l'arrivée de mystérieux «Peuples de la mer» et par une attaque maritime contre l'Égypte que repoussa la flotte de Ramsès III au cours d'une des toutes premières batailles navales de l'histoire. La carte politique du monde méditerranéen allait changer.

Un grand pas fut fait, en 1903, dans la connaissance de l'histoire de l'Assyrie quand des archéologues allemands commencèrent à Assour des fouilles qui allaient durer dix années. Elles s'effectuèrent sous la direction de Walter Andrae *(pages 64-65)*, qui, auparavant, avait collaboré avec Robert Koldewey sur le site de Babylone.

Andrae et son équipe travaillèrent avec précision et efficacité, mettant à profit les techniques mises au point au cours du siècle précédent par des archéologues et des aventuriers. Ils commencèrent par creuser tous les quatre-vingt-dix mètres environ des tranchées d'exploration sur l'acropole, où ils pensaient trouver les principaux monuments de la ville. Leurs suppositions s'étant vérifiées, ils s'attachèrent à retrouver tous les vestiges de l'enceinte fortifiée de la ville.

La démarche la plus importante, du point de vue de l'historien, est que Walter Andrae et son équipe découvrirent à Assour une grande quantité d'inscriptions cunéiformes, parfois gravées sur des murs, parfois imprimées sur des tablettes d'argile. L'une d'elles, gravée sur un mur, concerne les travaux de restauration entrepris par Adad-Nirari Ier: «...Le mur qui était délabré et en ruine, moi, Adad-Nirari, je le restaurai. Je le rebâtis du sommet à la base. Je lui donnai une épaisseur de quatorze briques, et j'y déposai mes inscriptions monumentales et celles de mes ancêtres. Dans les temps futurs, lorsque le mur deviendra vieux et délabré, puisse un prince le restaurer. Qu'il restaure... mes inscriptions à leur vraie place. Alors le dieu Assour écoutera ses prières.» Les inscriptions mentionnaient notamment trente-huit lieux de culte dont quatre furent dégagés par les archéologues. Parmi les textes les plus révélateurs, il y avait une liste incomplète de lois de l'époque méso-assyrienne, traitant notamment de la propriété foncière et du rôle des femmes. Ces textes, joints aux tablettes de Nuzi découvertes par une équipe américaine dans les années vingt et à diverses inscriptions exhumées sur d'autres sites, ont notamment permis aux spécialistes de se faire une idée de la vie quotidienne en Mésopotamie à cette époque.

Contrairement aux Babyloniens, habitants des villes, les Assyriens étaient généralement des travailleurs de la terre vivant dans des villages et alentour. Ces villages étaient rattachés, pour des raisons fiscales, aux grands centres urbains d'Assour, d'Erbil et de Ninive. L'étude des registres de recensement du Ier millénaire avant notre ère laisse apparaître qu'une famille ordinaire se composait d'un couple ayant un ou plusieurs enfants, la moyenne étant de 1,43 enfant par foyer; cette moyenne ne tient cependant pas compte des enfants décédés ni de ceux qui avaient grandi et fondé leur propre foyer ou de ceux qui étaient partis au service de l'État. La monogamie était de règle, même si rien n'empêchait un paysan d'avoir plus d'une épouse, sinon les frais qu'entraînait une bouche supplémentaire à nourrir.

Les tèrres, à l'origine, étaient propriété commune de la famille élargie ou du village tout entier, mais, au mésoassyrien, elles étaient passées pour la plupart aux mains des riches. Le travail des serfs pouvait être acheté ou vendu en même temps que la terre sur laquelle ils travaillaient; cela mis à part, les serfs conservaient les droits fondamentaux du citoyen. Au bas de l'échelle sociale, la classe des esclaves comprenait des individus qui, parce qu'ils s'étaient trop endettés, avaient été livrés à leurs créanciers, souvent avec les autres membres de leur famille. Leur sort était très peu enviable: la loi autorisait expressément leur maître à les battre et à les vendre à qui bon lui semblait, même à quelqu'un qui était étranger au pays.

L'Assyrie était dotée d'assez bonnes terres, de sorte que les travaux agricoles n'étaient pas particulièrement éprouvants. Les principales cultures étaient l'orge et le blé, mais on cultivait aussi l'amidonnier, variété de blé rustique barbu, analogue à l'épeautre, et le millet. L'année agricole commençait à l'automne avec le labour et les semailles, et les paysans ne cessaient alors de scruter le ciel avec inquiétude en se demandant s'il allait pleuvoir, car si la pluie tardait les récoltes en souffraient. Un autre danger était la soudaine apparition de nuées de sauterelles qui dévoraient tout sur leur passage, mais, en ce cas, la population rurale trouvait une certaine compensation aux pertes subies par ses récoltes en attrapant et en consommant ces insectes qu'elle considérait comme un mets de choix.

Toukoulti-Ninourta Ier, roi d'Assyrie, est représenté deux fois sur cette sculpture du XIIIe siècle avant notre ère trouvée à Assour: d'abord debout puis à genoux devant un autel. C'est l'autel de Nabou, dieu de l'Écriture, et il est surmonté, comme il se doit, d'une tablette et d'un style. Sa forme copie exactement celle de la sculpture dans son ensemble, qui, elle-même, devait servir d'autel.

Les récoltes étaient moissonnées en mai ou en juin au moyen de faucilles en cuivre ou en bronze. Le grain était nettoyé puis conservé dans les greniers à blé avant d'être réduit en farine pour la fabrication du pain ou broyé pour servir de gruau; l'orge servait également à faire de la bière. Les Assyriens faisaient pousser aussi des lentilles, des pois chiches, des concombres, des grenades, des olives, du raisin, des figues, et importaient des dattes de Babylonie. Les paysans possédaient en outre du bétail — bovins, moutons, chèvres — tandis que dans les villes les cochons erraient en liberté dans les rues à la recherche de nourriture, assurant en quelque sorte un service de voirie. À l'origine, les Assyriens consommaient sans problème la viande de porc, mais, à partir du XIVe siècle avant notre ère, elle était devenue peu à peu taboue, probablement par crainte de la trichinose, maladie provoquée par les larves de vers filiformes qui parasitent l'intestin grêle des porcs, et c'est ce tabou qui est encore observé de nos jours chez les musulmans de la région et d'ailleurs. Les villes étaient des centres d'activité commerciale où les transactions se réglaient par le troc ou par

LE RETOUR À LA VIE D'ASSOUR

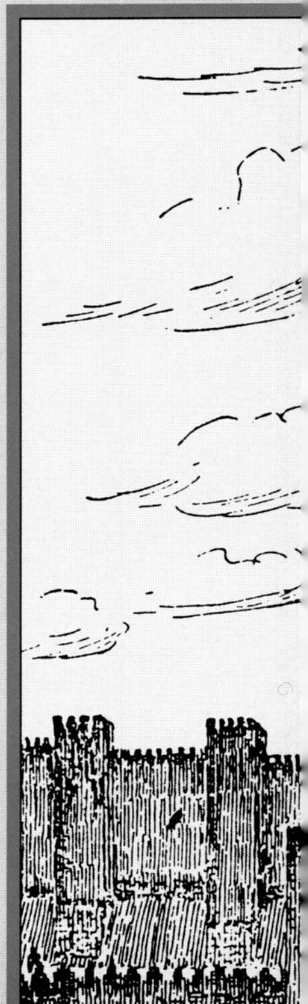

L'Allemand Walter Andrae fut un brillant archéologue. À Dresde, il avait reçu une formation de peintre et d'architecte. Au cours de ses fouilles à Assour, il perfectionna non seulement les méthodes scientifiques d'excavation, mais il produisit, pendant les dix années que durèrent ses travaux (de 1904 à 1914), des centaines de peintures et de dessins donnant à voir à quoi ressemblait la capitale assyrienne il y a 3 000 ans. Deux de ses dessins sont reproduits ici. Ils recréent de la manière la plus vivante Assour avec ses murs, ses fortifications, ses temples et les quais du Tigre pleins d'animation. Après la Première Guerre mondiale, Andrae, qui avait abandonné les recherches sur le terrain, entra au département du Proche-Orient du musée de Berlin dont il devint le directeur hautement respecté et très influent. Il mourut couvert d'honneurs, en 1956, âgé de quatre-vingt-un ans.

Bateaux de commerce à quai sous les murs d'Assour. Une des nombreuses reconstitutions que l'on doit à Andrae et qui montre à quoi ressemblait la capitale assyrienne vers 1210 av. J.-C. En haut: autoportrait exécuté en 1902, à l'époque où Andrae aidait son mentor, Robert Koldewey, dans l'exploration des ruines de Babylone.

Autre dessin d'Andrae: vue de l'autre côté du Tigre, la grande ziggourat d'Assour domine la masse des édifices publics. La photo ci-contre montre les ruines de la ziggourat telles qu'elles apparaissent de nos jours, et l'on voit par cet exemple comment, avec le regard de l'architecte et l'instinct de l'archéologue, Andrae a su reconstituer les constructions qui s'élevaient à Assour, là où il ne reste plus que des décombres.

paiement effectué au moyen d'un ou de plusieurs métaux précieux tels qu'or, argent, cuivre, bronze, étain. Un texte mentionne par exemple des ouvriers du bâtiment dont la paie quotidienne s'élevait à six livres de pain, six pintes de bière, plus une certaine quantité de cuivre. Comme il fallait tout peser, on ne s'étonnera pas que l'exactitude des instruments de mesure ait pu faire l'objet de nombreuses contestations. C'est ainsi qu'une inscription gravée sur une tablette dénonce les procédés malhonnêtes d'un commerçant qui, «tandis qu'il tient la balance, triche en échangeant les poids».

Il semble bien que les prix étaient établis en fonction de l'offre et de la demande et non par décret, car les contrats précisent quelquefois que les marchandises devront être payées au prix du jour. L'économie, à l'époque comme aujourd'hui, obéissait à des cycles, et les astrologues et les devins essayaient de prédire l'évolution du marché. Une de ces prédictions est ainsi conçue: «Quand la lune apparaîtra à une heure non prévue, l'activité économique sera réduite.» Un autre texte annonce que lorsque le brouillard enveloppe le pays cela veut dire que «les récoltes seront abondantes et le commerce actif».

Dans la multitude des inscriptions retrouvées, celles qui touchent à l'intimité de la vie familiale sont parmi les plus intéressantes. La société assyrienne était strictement patriarcale. Toute l'autorité reposait sur le chef de famille qui exerçait un pouvoir sans partage sur son épouse et sur les enfants. La femme mariée était, de par la loi, la chose de son seigneur et mari. L'attitude générale à l'égard des épouses est brièvement résumée dans le dernier article d'une législation concernant la femme assyrienne. L'article concerne le droit que possède le mari de punir son épouse pour des fautes que la législation ne prévoit pas expressément. Il indique ainsi que, s'il pense que son épouse le mérite, «un homme peut fouetter sa femme, lui arracher les cheveux, lui abîmer ou lui fendre les oreilles sans avoir à en répondre à qui que ce soit».

L'humble statut de la femme dans la société apparaît clairement dans l'attitude des Assyriens à l'égard du divorce. Un homme pouvait abandonner sa femme tout simplement en coupant, devant des témoins assermentés, le bas de son vêtement. En pareil cas, et contrairement à ce qui était d'usage à Babylone, il lui devait compensation; toutefois la femme n'avait droit qu'aux biens qu'elle avait apportés en cadeau lors de son mariage, et elle ne pouvait en aucun cas prendre l'initiative du divorce. Oser seulement en exprimer le désir l'exposait à être jetée à la porte du domicile conjugal, nue et sans argent.

Il existait des peines plus sévères encore. Outre la peine de mort, la loi prévoyait des châtiments corporels consistant par exemple à crever les yeux du délinquant, à lui donner une bastonnade ou à le mutiler en lui coupant le nez, les oreilles, les lèvres ou les doigts. Les femmes qui

Ce relief en pierre, reconstitué à partir de fragments trouvés dans un temple d'Assour, représente un être majestueux — le dieu de la Fertilité ou, peut-être, le grand protecteur de la ville, Assour lui-même — portant une tiare et tenant dans chaque main une plante à longue tige que grignote une chèvre. À ses côtés se tiennent peut-être deux déesses, qui tiennent des cruches d'où l'eau coule à flots.

se faisaient avorter subissaient le supplice du pal. La castration punissait celui qui accusait à tort d'adultère un voisin ou la femme de ce dernier.

Un aspect particulièrement odieux des lois assyriennes, pour qui les examine aujourd'hui, est que dans certains cas le prix d'une faute était payé non par celui qui l'avait commise mais par sa femme ou sa fille. Ainsi, si un homme, en frappant l'épouse d'un autre, la faisait avorter, sa propre épouse devait être frappée de la même manière.

Les dispositions concernant les comportements sexuels peuvent paraître encore plus bizarres. Si un homme violait une vierge, son épouse était livrée au stupre par la famille lésée, et on la lui retirait; le père de la victime pouvait alors exiger du violeur qu'il épousât sa fille. La prostitution était une pratique admise dans la société assyrienne. Prostituées et esclaves se reconnaissaient au fait qu'elles devaient garder le visage découvert en public alors que les femmes respectables étaient tenues de porter le voile. Une prostituée qui était surprise dans la rue avec un voile s'exposait à recevoir cinquante coups de bâton et à être arrosée de poix bouillante. Pour le même crime, une esclave risquait pire encore; la loi prévoyait de lui arracher les oreilles.

Dans une société si patriarcale, l'autorité du roi ne pouvait être qu'indiscutée. La personne du roi était jalousement défendue de tout contact impur par une étiquette extrêmement rigoureuse. Si un homme du peuple était amené en présence du roi, il fallait qu'il eût les yeux bandés. Même les membres de sa famille étaient tenus à distance; le prince héritier ne pouvait être reçu en audience que si les augures étaient favorables. La protection dont s'entourait le roi se justifiait par son statut de représentant des dieux sur terre. Pour se concilier ses divins maîtres, le souverain devait se soumettre régulièrement à des jeûnes et faire retraite dans une hutte de roseaux; il était tenu par d'autres obligations rituelles de porter des vêtements religieux spéciaux ou de garder la chambre plusieurs jours de suite en certaines occasions.

L'activité du souverain était dans une large mesure dictée par les présages, et, pour interpréter ces présages, il s'entourait de prêtres, de devins, d'astrologues et de voyants. Le signe le plus maléfique était une éclipse de la lune ou du soleil qui annonçait, croyait-on, la mort prochaine du monarque. En pareil cas, le roi abandonnait provisoirement son trône et se faisait remplacer par un membre de son entourage pour une période de cent jours à l'issue de laquelle le malheureux remplaçant était exécuté: ainsi se réalisait la prédiction des astrologues, et le roi légitime pouvait remonter sans dommages sur le trône.

L'astrologie et la divination tenaient également une place importante dans la vie des simples mortels. Dans les plus célèbres archives assyriennes, celles qui composaient la bibliothèque du roi Assourbanipal, qui régna à Ninive au VIIe siècle av. J.-C., plus du quart des vingt-cinq mille tablettes était consacré aux arts divinatoires et à des prédictions.

Découvertes au siècle dernier par Austen Henry Layard et quelques autres, les tablettes de Ninive — capitale de l'ancien Empire assyrien située sur le Tigre, à cent vingt kilomètres au nord d'Assour — décrivent une méthode de divination couramment utilisée, qui se fondait sur l'examen du foie d'un animal sacrifié et sur l'interprétation des signes révélateurs qu'on y découvrait. Ceux qui pratiquaient cet art disposaient de modèles d'organes en argile pour les guider dans leurs prédictions. Parmi les autres méthodes de divination, il y avait la vision extatique et l'interprétation des rêves, ainsi que l'observation des corps célestes, des variations météorologiques et du comportement des oiseaux. La pratique consistant à rechercher l'explication de phénomènes astrologiques dans d'anciennes inscriptions cunéiformes pouvait aboutir à des interprétations multiples et souvent radicalement différentes. Par exemple: «Quand un halo entoure la lune et que le Scorpion se trouve à l'intérieur, cela signifie soit que des prêtresses auront des rapports sexuels avec des hommes, soit que des lions ravageront le pays et y couperont toutes les routes.»

L'art divinatoire jouait aussi un rôle essentiel dans la médecine assyrienne. On attribuait la plupart des maladies à des esprits malins, notamment à Lamashtou, démon femelle tenu pour responsable du taux élevé de la mortalité infantile en Assyrie. Selon un texte magique, Lamashtou «court après les femmes sur le point d'accoucher». Pour tenir en échec cette terrible créature et ses semblables, on recourait à des exorcistes, appelés *ashipou.* L'un d'eux, dans une lettre adressée à son souverain, décrivait le traitement à suivre pour ce qui semble avoir été une crise d'épilepsie. «L'ashipou, dit-il, se mettra debout et suspendra au linteau de la porte une souris et une baguette faites de poils rigides de chameau. L'ashipou revêtira des vêtements rouges et portera un masque rouge. Il aura un corbeau dans la main droite et un faucon dans la main gauche.» Le mage proposait de se livrer ainsi équipé à des incantations pendant qu'un assistant, portant une torche et un encensoir, tournerait autour de la couche du malade. La cérémonie devait se répéter soir et matin jusqu'à la guérison.

À côté des guérisseurs de ce genre, il y avait des personnages moins prestigieux appelés *asou*; ils pratiquaient une forme de médecine que les malades, de nos jours, jugeraient beaucoup plus familière. Leurs traitements étaient généralement à base d'herbes et d'extraits de plantes, mais ils recouraient aussi à des médications plus étranges en se servant par exemple du lait dans lequel avait bouilli un lézard.

Cette empreinte d'un pied d'enfant sur une plaque d'argile est un émouvant vestige d'une époque où la Mésopotamie connaissait l'esclavage. Une inscription sur la plaque, qui date d'environ 1200 av. J.-C., indique qu'un couple a été contraint de vendre ses enfants à un devin nommé Bal Malik sous peine d'être réduit en esclavage pour dettes. Les enfants étaient toutefois trop jeunes pour servir leur maître, lequel avait pris l'empreinte du pied du garçonnet pour détenir la preuve qu'il lui appartenait.

Au XIIe siècle av. J.-C., cette société assyrienne superstitieuse et férue de discipline devait faire face à de nouvelles menaces sur ses frontières nord et ouest en raison de l'arrivée de nouveaux venus qui remplissaient le vide laissé par l'effondrement des royaumes mitannien et hittite. Des nomades araméens, poussant vers l'est à travers le désert de Syrie, s'étaient établis le long de l'Euphrate où ils formaient un cordon de petits royaumes qui menaçaient d'étrangler les puissances mésopotamiennes déjà en place. Et du nord-ouest étaient arrivés les Moushki, probablement d'origine indo-européenne, qui avaient occupé dans le sud de l'Asie Mineure des territoires considérés par les Assyriens comme faisant partie de leur domaine.

Heureusement pour les Assyriens, ils étaient alors gouvernés par un chef militaire de génie pour faire face à la menace. Teglat-Phalasar Ier, monté sur le trône en 1115 av. J.-C., inaugura son règne par une attaque contre les Moushki. Il leur reprit les terres qu'ils avaient occupées et célébra sa victoire en exposant aux portes de Ninive les têtes de leurs chefs. Ensuite, il pénétra dans le Zagros où vingt-trois tribus avaient pris les armes contre l'Assyrie. Il y remporta un nouveau succès et imposa à ses adversaires le versement d'un tribut annuel de deux mille têtes de bétail et douze mille chevaux — des chevaux dont les Assyriens avaient le plus grand besoin pour tirer leurs chars de guerre. Enfin Teglat-Phalasar lança vingt-huit expéditions contre les Araméens, poussant même, en une occasion, jusqu'à la Méditerranée. Arrivé là, il négocia des traités de commerce avec les cités-États de la côte avant d'effectuer une visite triomphale en Égypte en tant qu'hôte du pharaon régnant. Celui-ci lui fit cadeau d'un crocodile vivant et organisa pour le distraire une chasse au *nahirou* — mot qui signifie «cheval de mer» et désigne sans doute le dauphin.

Ce fut une initiative bienvenue, car la chasse semble avoir été le passe-temps préféré de Teglat-Phalasar. Un texte de l'époque parle de neuf cent vingt lions que ce souverain aurait abattus — huit cents du haut de son char et cent vingt à pied. À ce palmarès s'ajoutaient dix éléphants et six bovidés sauvages, grandes bêtes mesurant un mètre quatre-vingts au garrot. L'importance de ces chiffres montre qu'il s'agissait d'un sport contrôlé qui se pratiquait dans une sorte de réserve où les animaux capturés en pleine nature étaient lâchés pour le plaisir du roi chasseur. Le fait que les éléphants et les bovidés sauvages ont disparu en Mésopotamie n'est peut-être pas sans rapport avec le goût excessif des rois assyriens pour la chasse.

Aucun des successeurs immédiats de Teglat-Phalasar ne fut le grand guerrier qu'il avait été, et le IIe millénaire avant notre ère en Mésopotamie devait s'achever sur une note discrète, la rareté des inscriptions laissant supposer l'absence d'événements jugés dignes d'être enregistrés. Ce calme n'allait pas durer et, avant longtemps, les rois conquérants de l'empire néoassyrien allaient marcher sur les traces de Teglat-Phalasar, semant la terreur sur leur passage.

UNE VICTOIRE DÉVASTATRICE

La scène de guerre présentée ci-dessus — prisonniers judéens empalés sur des pieux par des lanciers assyriens, était destinée à inspirer l'effroi à ceux qui la contemplaient. Mais ce n'était qu'une image parmi une multitude d'autres qui faisaient frissonner le visiteur dans la salle des cérémonies du palais du Sud-Ouest à Ninive.

À l'intérieur de cette salle, dont l'entrée était gardée par des taureaux ailés androcéphales, les images révélatrices, qui se succédaient sur une trentaine de mètres de murs, racontaient les grands moments de la prise de Lakish, place forte judéenne tombée aux mains des armées de Sennachérib, roi d'Assyrie, en 701 av. J.-C.

Considérée comme la principale citadelle de la Méditerranée orientale après Jérusalem, Lakish constituait une pièce essentielle pour les Assyriens dans leur tentative de soumettre le royaume de Juda. «J'ai assiégé et conquis en foulant aux pieds des rampes de terre puis en montant des béliers et en faisant donner l'assaut par l'infanterie», déclare avec orgueil Sennachérib. Et l'Ancien Testament, dans les Chroniques, confirme bien que le souverain assyrien «se trouvait lui-même devant Lakish avec toutes ses forces...».

De cet assaut témoignent les ruines de la forteresse de Lakish, longtemps restées enfouies sous terre. Elles furent fouillées dans les années trente par l'archéologue britannique James Leslie Starkey et, plus récemment, par David Ussishkin, de l'université de Tel-Aviv. On y a trouvé les vestiges calcinés, jonchés d'armes, d'une série de remparts qui entouraient un palais fortifié, un quartier résidentiel et un quartier commerçant. Dans le coin sud-ouest de la ville, non loin de la porte principale, gisent les restes de la rampe aménagée par Sennachérib pendant le siège; il s'agit de plusieurs milliers de tonnes de pierres qui avaient été entassées pour pouvoir amener les béliers assyriens à la hauteur voulue afin d'ouvrir une brèche dans la partie supérieure des murs. Autres vestiges témoignant de la grande violence de l'attaque — et de son succès —, des garnitures de porte en bronze, réduites en morceaux, rappellent le moment où les troupes de Sennachérib enfoncèrent finalement la porte de la citadelle et se déversèrent à l'intérieur pour semer partout la destruction.

DES PIERRES ET DES FLÈCHES...

Les fantassins assyriens avancent deux par deux vers la citadelle de Lakish; dessin reproduisant une partie d'un bas-relief du palais de Sennachérib (détail à droite). *En tête, les archers tiennent leur arme prête. Derrière arrivent les frondeurs avec leurs frondes de cuir tournant au-dessus de leurs têtes. La diversité des uniformes et des coiffures reflète la diversité ethnique de l'armée assyrienne, qui recrutait ses soldats parmi les ennemis vaincus.*

Des centaines de pointes de flèche (ci-dessus) *et de projectiles de fronde* (ci-contre) *ont été trouvées à Lakish. C'est au pied du mur d'enceinte que les pointes de flèche — lames de fer ou d'os en forme de feuille — étaient les plus nombreuses. Elles étaient souvent pliées, ce qui indique un tir à courte distance. Les projectiles de fronde, moins nombreux, étaient des boules de silex de la taille d'une balle de tennis et d'un poids d'une demi-livre.*

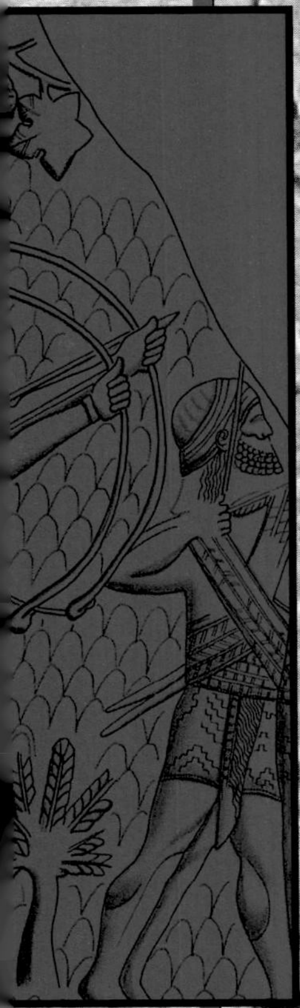

...ET DES TOURS MOBILES

Partie centrale du bas-relief montrant les hommes de Sennachérib avançant le long de la rampe d'assaut vers le poste de garde de Lakish (à gauche) *sous une pluie de torches, de flèches et de pierres. La tour mobile montée sur roues qui les précède* (extrême gauche) *est équipée d'un bélier à tête métallique. Les assiégés essaient de mettre le feu à cet engin fait de bois et de cuir, mais les soldats déjouent leurs tentatives en l'aspergeant d'eau à l'aide de grandes louches* (gros plan à droite). *Puis le sculpteur montre les Judéens déportés sortant de la ville à l'issue du siège.*

Sur cette coupe de la rampe d'assaut assyrienne apparaît une cicatrice dans l'angle sud-ouest de Lakish (à droite). *Au-dessus de la rampe, des sacs de sable délimitent les sections fouillées près du mur de Lakish qui entoure le site à hauteur des deux tiers de la base. La rampe d'assaut s'arrête juste avant le mur parce que le bélier était assez long pour le relier.*

CE QU'IL EN COÛTAIT DE BRAVER L'ASSYRIE

Sur la rampe d'assaut et le mur d'enceinte, on a trouvé quantité de pièces de fer ou de bronze (en haut, à droite), *provenant des cuirasses à écailles des combattants, et un seul cimier* (ci-dessus) *de casque d'un porteur de lance assyrien, tel celui ci-dessous* (troisième à partir de la gauche).

Inscription du bas-relief à droite: «Sennachérib, roi de la totalité, roi d'Assyrie, assis sur son trône pendant que passent devant lui les dépouilles de la cité de Lakish.» On pense que Sennachérib, confortablement installé de la sorte, dirigeait les opérations à partir d'un camp situé en face de la rampe d'assaut. Sur le relief, ses traits ont été effacés, sans doute après son assassinat par ses fils.

Les prisonniers judéens sont emmenés sous bonne escorte hors de la ville vaincue (ci-dessus) *et conduits devant Sennachérib, assis sur son trône, qui décidera de leur sort* (extrême droite). *Dans le registre du haut, deux femmes, un nourrisson et un enfant ont pris place dans un char à bœufs tiré par deux bêtes efflanquées. Dans le registre du bas, des prisonniers supplient qu'on les épargne; derrière eux, des dirigeants judéens sont fouettés, et devant eux, un autre est abattu d'un coup de poignard.*

T R O I S

L'ASSYRIE: UN EMPIRE FONDÉ SUR LE CARNAGE ET LE TRIBUT

Des grains d'or délicatement ouvragés encadrent un palmier de pierres semi-précieuses sur fond de lapis-lazuli. Ce pendentif du VIIIe siècle av. J.-C., symbolisant peut-être l'arbre sacré souvent représenté dans l'art assyrien, a été trouvé en 1989 dans la tombe d'une reine à Nimroud, en Irak.

En avril 1989, sur le site de Nimroud, qui fut la capitale de l'Empire assyrien de 879 à 606 av. J.-C., des hommes maniant la brosse et la truelle étaient en train de dégager un palais de la poussière des siècles quand ils aperçurent un fragment de tuyauterie en céramique. À leur grande surprise, il apparut qu'il s'agissait d'une bouche d'aération. Cela ne pouvait signifier qu'une seule chose, à savoir que la surface sur laquelle ils travaillaient et qu'ils croyaient être une partie du pavement du palais constituait en fait une toiture. Poussant plus avant leurs investigations, ils découvrirent un tombeau dans lequel une antichambre donnait accès, après le franchissement de deux portes en pierre tournant sur des gonds en pierre, à la chambre mortuaire. À l'intérieur se trouvait un sarcophage, fait d'un seul bloc de pierre de provenance locale et couvert de trois dalles. Le sarcophage était intact; il semblait que personne n'y avait touché depuis le jour où on l'avait scellé.

Sur une plaque de marbre, la princesse assyrienne Abaya, à qui le tombeau était destiné, avait fait inscrire en caractères cunéiformes cette imprécation: «Si quelqu'un touche à mon tombeau, que le spectre de l'insomnie s'empare de lui à tout jamais.» Mais, avant que les membres de l'équipe irakienne aient remarqué l'inscription, Muzahim Mahmoud Hussein avait déjà pénétré à l'intérieur de cette chambre mortuaire vieille de deux mille sept cents ans et proche des berges du Tigre. L'histoire ne dit pas si l'archéologue en perdit le sommeil.

À l'aide d'une barre de fer, Muzahim souleva le couvercle du sarcophage et aperçut alors quelque chose qui brillait dans la poussière. «Approchant ma lampe, raconte-t-il, la lumière me fut renvoyée dans les yeux par de l'or.» Car il y avait là de l'or, en quantité prodigieuse, sous forme de bijoux d'une facture artistique remarquable qui scintillaient autour de deux squelettes féminins desséchés — l'un, beaucoup plus petit que l'autre, étant sans doute celui d'une petite fille. En plus de ces bijoux en or, il y avait des dizaines de petites rosaces dorées multilobées qui avaient été apparemment répandues sur les corps des défuntes avant la fermeture du sarcophage. Éblouis par le spectacle, Muzahim et ses collègues comptèrent approximativement quatre-vingts breloques en or délicatement ouvrées pesant environ quatorze kilogrammes au total. Parmi ces objets, ils distinguèrent des sceaux-cylindres beaucoup plus anciens *(pages 23-25)* qui dataient des XIVe et XIIIe siècles avant notre ère et qui, au VIIIe siècle av. J.-C., avaient été fixés sur des montures en or afin d'être portés comme des bijoux. Des ossements carbonisés d'origine indéterminée furent trouvés dans une urne grise à proximité.

Mais ce qui retint surtout l'attention des archéologues, ce fut les inscriptions figurant sur quatre vases en or et un autre en cristal de roche qui révélaient les noms de trois reines jusqu'alors inconnues: Yabaya, épouse de Teglat-Phalasar III; Banitu, épouse de Salmanasar V; et Talya, épouse de Sargon II. Leurs maris avaient régné successivement de 744 à 705 av. J.-C., et les offrandes déposées en leur hommage confirmaient aux yeux des chercheurs que le palais de Nimroud avait été occupé pendant près de deux cents ans après la mort d'Assournazirpal II qui l'avait fait construire et qui avait régné de 883 à 859 av. J.-C.

Quatre mois plus tard, les archéologues découvrirent un autre tombeau qui contenait un trésor encore plus important. Les spécialistes irakiens pensent qu'il s'agit du tombeau de la reine Moulisou, épouse d'Assournazirpal II, mais le grand sarcophage qui s'élevait dans la chambre mortuaire était vide, le corps ayant probablement été transporté ailleurs. Cette chambre abritait aussi trois cercueils en bronze, chacun contenant un squelette non identifié, ainsi qu'une grande quantité d'offrandes semblables à celles qui avaient déjà été exhumées. Parmi ces quatre cent quarante objets dorés qui pesaient en tout environ vingt-trois kilogrammes, les chercheurs remarquèrent une couronne peu ordinaire — en forme de tonnelle ornée de vignes, de raisins en lapis-lazuli et de déesses ailées toutes nues — et un vase d'à peine huit centimètres de hauteur décoré de scènes de guerre et de chasse.

Le gouvernement irakien, encore sous le coup d'une longue guerre menée contre l'Iran, n'était pas pressé de proclamer à son de trompe la nouvelle de la découverte de ces tombeaux et d'accueillir chez lui un flot de journalistes et d'archéologues étrangers. Mais, peu à peu, l'information se répandit et de nombreux spécialistes partagèrent l'excitation de

John Curtis, conservateur au British Museum de Londres, qui, ayant vu la série d'objets exhumés, déclara qu'il s'agissait de «la découverte archéologique la plus importante depuis celle de la tombe de Toutankhamon dans la vallée des Rois, en Égypte». Et ce qui est aussi remarquable, en un sens, que la découverte elle-même, c'est qu'elle avait été faite dans un endroit déjà fouillé de manière systématique et répétée par des générations d'archéologues.

Désormais, les chercheurs pouvaient accéder à un dédale de caveaux funéraires creusés sous le sol du harem selon l'antique coutume mésopotamienne. Au-dessus, les épouses et les concubines des monarques assyriens avaient leurs appartements qu'un mur épais séparait de la salle du trône et des autres salles de réception royales.

L'exhumation de cet ensemble de sépultures devait se révéler extrêmement profitable pour les archéologues. Il n'était pas resté beaucoup de bijouterie assyrienne après la mise à sac des villes d'Assyrie par les Mèdes, qui avait suivi la chute de l'empire entre 612 et 605 av. J.-C., et voilà que soudain une cache abondamment fournie s'offrait à leur étude. En outre, les objets élégants et très raffinés qu'ils découvraient éclairaient d'un jour nouveau les souverains assyriens du Ier millénaire avant notre ère, en qui les savants n'avaient vu jusque-là que de féroces guerriers accumulant les conquêtes. Il apparaissait maintenant qu'ils n'étaient pas simplement les détenteurs de richesses prodigieuses mais qu'ils savaient apprécier les belles choses et un travail soigné.

Toutefois, avant que les assyriologues et les journalistes de tous les pays aient pu faire leurs valises et partir pour Nimroud, les autorités irakiennes, menacées par des troubles intérieurs et des tensions aux frontières, avaient fait savoir que les représentants de la presse étrangère étaient indésirables dans la région. Puis, lorsque en 1991 la guerre du Golfe éclata, Muzahim Mahmoud Hussein dut renoncer à l'espoir qu'il nourrissait de retrouver l'emplacement des tombeaux des rois assyriens.

Les nécessités de la guerre invoquées par les autorités irakiennes auraient été parfaitement comprises par les rois guerriers de l'époque néo-assyrienne. Leur culture était une culture de conquérants. À partir de 911 av. J.-C., quand leurs armées s'élancèrent en direction de l'ouest pour régler d'anciens comptes et reconstituer l'empire que leurs ancêtres avaient perdu deux siècles plus tôt, les monarques de Haute-Mésopotamie allaient dominer une grande partie du Proche-Orient et cela jusqu'à la fin du VIIe siècle av. J.-C., quand leurs ennemis finiraient par l'emporter. Ce serait l'âge d'or de l'Assyrie, l'époque où sa domination s'étendrait de l'Égypte jusqu'au Zagros, en Perse, où ses rois imposeraient leur volonté à d'innombrables tribus, cités-États et nations,

DES PRISES D'UNE QUALITÉ RARE

En 1989, des archéologues irakiens, soulevant le couvercle en pierre d'un sarcophage à Nimroud, découvrirent les restes d'une jeune femme et d'une fillette. Les squelettes étaient couverts d'or, sous la forme de couronnes, de bagues, de boucles d'oreilles et de bracelets, souvent incrustés de cornaline, d'agate, de lapis-lazuli et de turquoise. À côté, d'autres bijoux et des vases en bronze, en albâtre ou en cristal formaient de gros tas. Sur les squelettes ou sous leurs crânes, les chercheurs trouvèrent encore des jattes, des tasses et des fioles, en or également, et, parmi les ossements, de petites rosettes en or *(à l'arrière-plan)* qui devaient, jadis, servir d'ornements aux vêtements.

Selon l'archéologue britannique Georgina Herrman, la facture de ces objets témoigne d'un art consommé, et «pareil travail serait difficile à reproduire de nos jours.»

Ci-dessus, pendentif en or incrusté de pierres semi-précieuses. Ci-dessous, à gauche, collier en or avec 28 pendentifs et deux têtes d'animaux servant d'agrafe. Parmi les 72 paires de boucles d'oreilles en or trouvées dans la tombe avec ces objets, celle que l'on voit ci-dessous se présente sous la forme de cônes suspendus à des croissants de lune.

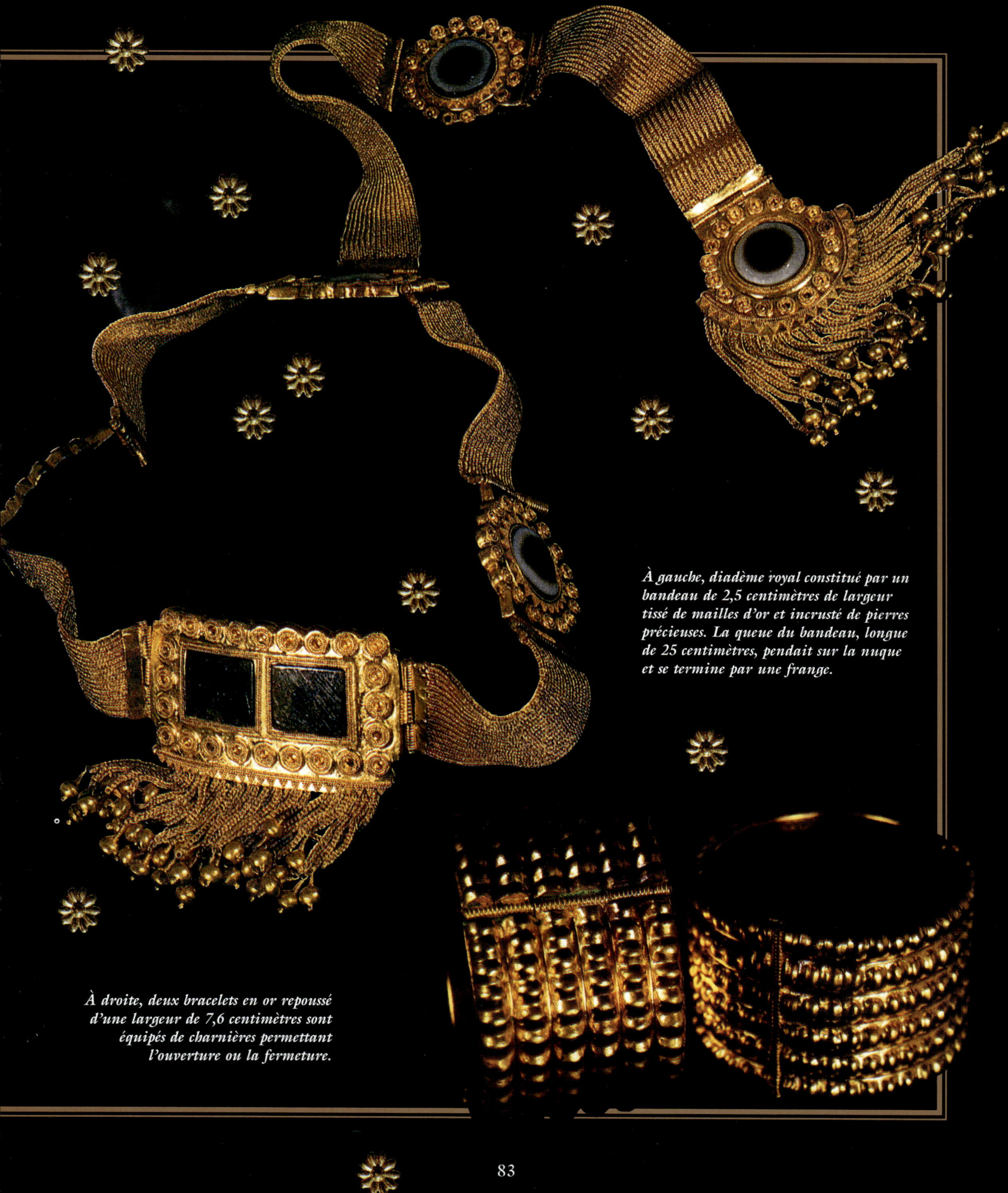

À gauche, diadème royal constitué par un bandeau de 2,5 centimètres de largeur tissé de mailles d'or et incrusté de pierres précieuses. La queue du bandeau, longue de 25 centimètres, pendait sur la nuque et se termine par une frange.

À droite, deux bracelets en or repoussé d'une largeur de 7,6 centimètres sont équipés de charnières permettant l'ouverture ou la fermeture.

À droite, couronne d'or de 9 centimètres de largeur avec trois rangées de rosettes en appliques. Elle était peut-être portée par l'enfant enterrée à côté de la reine. Ci-dessous, deux lourds bracelets d'or avec incrustations d'œil-de-chat, de turquoise, de malachite et de lapis-lazuli.

Ci-dessus, petit vase d'environ 7,5 centimètres de hauteur orné d'une chaînette en or. Ci-contre, jatte dorée de 25 centimètres de diamètre environ, décorée de nodules.

feraient couler un fleuve d'or dans leurs coffres grâce aux tributs imposés, et déplaceraient des populations pour satisfaire leurs ambitions.

Dans presque tous les documents d'époque de la région, qu'il s'agisse d'inscriptions hiéroglyphiques sur les murs des tombes pharaoniques en Égypte ou de rouleaux de parchemin en hébreu ancien conservant la mémoire sacrée du peuple juif, on trouve la trace de la présence assyrienne; et les chroniques assyriennes, écrites en caractères cunéiformes, confirment elles-mêmes la réalité de ces contacts.

Cependant, contrairement à leurs contemporains égyptiens, les Assyriens du Ier millénaire avant notre ère semblaient avoir disparu de l'histoire presque sans laisser de vestiges. Puis, au siècle dernier, la communauté scientifique occidentale fut mise en émoi par l'arrivée dans les grands musées d'Europe, au terme de voyages épiques *(pages 112-121)*, de monuments spectaculaires, tels les énormes taureaux androcéphales de Nimroud. Les palais qui furent alors fouillés révélèrent le riche héritage qu'ils renfermaient: sur leurs murs étaient représentées dans tous les détails des armées en marche, des villes assiégées, des exécutions, des chasses au lion royales et des processions de dignitaires étrangers qui venaient apporter le tribut de leur cité aux souverains assyriens.

L'histoire de la redécouverte de l'Assyrie par le monde moderne commence au début des années 1840 quand l'attention des marchands des bazars de Mossoul, vieille cité mésopotamienne située sur le haut Tigre, à trois cent cinquante kilomètres au nord-ouest de Bagdad, se concentra sur un Européen aux cheveux bruns qui n'arrêtait pas de déambuler parmi eux et qui fouillait comme un obsédé dans la masse de bibelots présentés sur leurs étalages. Tout ce qui paraissait suffisamment ancien suscitait chez lui un profond intérêt. Il marchandait, dans un arabe excellent, convenait d'un prix, agrippait une cruche fêlée ou une brique porteuse d'une inscription, puis demandait au vendeur d'où ces objets provenaient. Les boutiquiers lui répondaient que, des antiquités de ce genre, tout le monde en trouvait dans la région. Effectivement, dans les zones rurales, il suffisait de se se baisser pour les ramasser.

Quand il ne s'occupait pas activement à marchander dans les bazars de Mossoul, Paul-Émile Botta assumait la fonction de consul de France dans ce poste éloigné de l'Empire ottoman — un empire gouverné par les Turcs, maîtres de la région depuis le XVIe siècle. Botta était un brillant linguiste, un grand voyageur, passionné par les paysages et les antiquités du Proche-Orient. Ses supérieurs hiérarchiques en France surent mettre à profit ses connaissances. Soucieux d'affirmer les droits de la France sur les trésors anciens dont on attendait la mise au jour dans le sol mésopotamien et n'ignorant pas que d'autres pays européens étaient tout aussi désireux d'enrichir leurs musées nationaux avec les découvertes à venir, ils encouragèrent vivement Botta à satisfaire sa passion pour les antiquités en fouillant les buttes prometteuses qui parsemaient les bords du Tigre.

Au début, ses recherches n'eurent guère de succès. Une première butte qui semblait intéressante voisinait malheureusement avec un sanctuaire musulman, et le clergé local réagit avec fureur à la menace de profanation. À ce moment-là, Botta décida de prospecter une autre butte située à Kuyunjik, de l'autre côté du Tigre par rapport à Mossoul. Sur ce site, qu'il pensait être celui de Ninive — la ville assyrienne dont parle la Bible —, l'archéologue peina pendant plusieurs mois sans rien exhumer que quelques briques et des morceaux d'albâtre. Déçu, il ne trouvait plus en lui assez d'enthousiasme pour faire une nouvelle tentative qui risquait d'être tout aussi infructueuse. Ce fut alors, en mars 1843, qu'un paysan du village de Khorsabad, distant d'une vingtaine de kilomètres au nord-est de Kuyunjik, vint le voir avec un lot de briques porteuses d'inscriptions, qu'il désirait lui vendre. Il lui dit aussi qu'il y avait dans son village beaucoup de choses intéressantes à ramasser. Cela semblait trop beau pour être vrai. Sans trop y croire, Botta envoya deux hommes sur place.

Une semaine plus tard, c'était un Botta tout heureux qui sellait son cheval et gagnait Khorsabad à bride abattue, car il venait d'apprendre que ses hommes avaient mis au jour, là-bas, pratiquement dès les premiers coups de pelle, un mur de pierre calcaire sur lequel étaient sculptés des personnages barbus et des bêtes monstrueuses. Sur place, Botta comprit tout de suite qu'il se trouvait face à un vestige d'une civilisation jusque-là inconnue qui paraissait aussi vieille que la civilisation égyptienne mais d'une forme toute différente. Dans un rapport adressé à Paris, il écrivit: « Je crois être le premier qui ait découvert des sculptures que l'on puisse, avec quelque apparence, rapporter à l'époque où Ninive était florissante. »

Sur la carte du monde antique ne figuraient jusque-là que l'Égypte, la Grèce, Rome et les terres juives — Juda et Israël. On savait bien, d'après ce qu'en disait la Bible, que l'Assyrie avait été une grande puissance à son époque, mais, de la civilisation assyrienne, il ne restait aucune trace matérielle. Botta sentait haleter derrière lui d'autres ardents explorateurs engagés dans la course au trésor, et le gouvernement français comprenait lui aussi la nécessité d'agir vite. Il dégagea des fonds pour la poursuite des recherches et dépêcha à Botta un collaborateur extrêmement utile, le peintre et archéologue Eugène Napoléon Flandin, expert dans l'art de rendre fidèlement les ruines anciennes et les monuments, et chargé de reproduire dans tous les détails les découvertes de Botta.

Il y eut beaucoup de tiraillements avec la bureaucratie ottomane, qui retardèrent l'entreprise et consommèrent de l'énergie, surtout quand un fonctionnaire corrompu, Mohammed Keritli Oglu, pacha de Mossoul, jouant avec Botta comme le chat avec la souris, lui accorda d'abord les autorisations nécessaires pour se rendre sur le site et pour le fouiller puis les lui retira. Quand finalement Botta put commencer ses travaux de

UN MOULAGE EN PLÂTRE QUI N'EN EST PAS UN

On trouve parfois les objets les plus précieux dans les endroits les plus inattendus. C'est ce qui s'est passé pour le bas-relief qui figure en bas de page, à droite, et qui provient du palais du Nord-Ouest construit au IXe siècle avant notre ère par Assournazirpal II, roi d'Assyrie.

Tout récemment encore, cette pièce depuis longtemps perdue ornait le mur d'un snack dans une école du Dorset, en Angleterre. C'était l'une des trois pièces badigeonnées à la chaux qui étaient suspendues à côté de la cible d'un jeu de fléchettes, et on ne lui accordait aucune attention particulière. En 1957, des experts venus pour estimer les sculptures avaient assuré qu'il ne s'agissait que de moulages en plâtre. En 1993, Julian Reade, du British Museum, établit qu'une des pièces était authentique. De l'avis d'un responsable de la salle des ventes Christie, c'était une découverte extraordinaire. On connaissait depuis longtemps d'autres panneaux sculptés appartenant à la même série, mais on pensait que celui-ci était tombé dans le Tigre pendant son transport.

Ce bas-relief, exhumé par l'archéologue britannique Austen Henry Layard au milieu du siècle dernier, figurait parmi plusieurs œuvres de prix dont il avait fait don à son protecteur, sir John Guest, pour le remercier d'avoir financé ses expéditions archéologiques en Mésopotamie. Guest les avait exposées dans un bâtiment spécial de style assyrien. Sa résidence, Canford Manor, fut plus tard transformée en école et les antiquités qu'elle renfermait furent sans doute vendues en 1959. Le bâtiment assyrien devint la confiserie de l'école et le bas-relief la cible accidentelle des fléchettes mal dirigées lancées par les enfants.

L'ouvrage restauré représente deux personnages. À droite, un eunuque tient une masse d'armes, un arc et un carquois, et porte aux poignets des rosettes témoignant de son appartenance à la maison royale. Derrière lui est représenté un dieu ailé tenant dans sa main une pomme de cèdre censée assurer une protection magique.

Dans une vente aux enchères qui s'est tenue à Londres en 1994, le bas-relief, longtemps considéré comme un plâtre sans valeur, a atteint le prix record de 7,7 millions de livres, soit 65 millions de francs.

fouille, il dut le faire sous la surveillance des espions du pacha chargés de veiller à ce que le consul de France n'emportât pas les trésors qu'il pourrait découvrir. La main-d'œuvre locale fut discrètement avertie qu'une partie du magot en or devait être remise au pacha et que ceux qui contreviendraient à cet ordre seraient soumis à la torture. La menace amena bon nombre d'ouvriers du chantier à abandonner leur nouvel employeur et à reprendre le travail de la terre, moins dangereux. Botta, qui voyait dans le pacha «un petit Néron», put pourvoir à leur remplacement en recrutant parmi des chrétiens récemment installés dans la région.

Tous ces désagréments et ces retards cependant furent largement compensés par l'ampleur et la splendeur des trouvailles qui furent faites au cours de l'été de l'année 1844. Jour après jour, les ouvriers de Botta dégageaient les restes enterrés d'un palais royal. Aux portes du palais, des grandes sculptures de créatures monstrueuses — lions et taureaux ailés à tête humaine — montaient la garde. À l'intérieur se dressaient les murs des couloirs, des salles d'audience, des temples et des salles du trésor, souvent décorés de bas-reliefs évoquant des scènes de guerre, des parties de chasse, des cérémonies officielles ou des rites religieux.

Sur les espaces qui ne portaient pas de bas-reliefs apparaissaient de mystérieuses inscriptions que Botta, à son grand regret, était incapable de lire, l'écriture cunéiforme n'ayant pas encore été déchiffrée. Quand elle le fut, quelques années plus tard, Botta apprit que ce palais, qui s'étendait sur près de dix hectares, faisait en fait partie d'une forteresse royale appelée Dur-Sharrukin, dont le nom signifie «forteresse de Sargon»; elle avait été construite à une quinzaine de kilomètres au nord de l'ancienne Ninive en sept ans, et elle était protégée par un rempart mesurant près de deux kilomètres de longueur, suivant les instructions très précises de Sargon II, roi d'Assyrie, au tout début du VIIIe siècle avant notre ère.

À l'automne de l'année 1844, le peintre Eugène Napoléon Flandin revint en France, ramenant les dessins qu'il avait réalisés à Khorsabad. L'émerveillement fut général, et Paris succomba à l'assyriomanie. Le gouvernement ordonna peu de temps plus tard au consul Paul-Émile Botta d'expédier en France sans plus attendre les plus belles pièces qu'il avait découvertes afin qu'elles fussent exposées et présentées au public au musée du Louvre *(pages 120-121)*.

Les Anglais se montrèrent jaloux du succès des Français qui étaient leurs rivaux dans la région. Si le sol mésopotamien devait livrer d'autres merveilles et si l'histoire antique devait être réécrite à la lumière de ces découvertes, il fallait que la Grande-Bretagne eût sa part du butin et bénéficiât du prestige qui s'y attachait.

S'adressant à son collègue, Stratford Canning, ambassadeur de Grande-Bretagne à Istanbul, Henry Rawlinson, émissaire britannique à Bagdad et l'un des pionniers des études mésopotamiennes, écrivait: «Je suis profondément peiné de voir les Français monopoliser ce domaine.» Les découvertes de Botta, prédisait-il, «constitueront une gloire nationale dans les temps à venir quand l'Empire turc que nous essayons de préserver aujourd'hui ne sera peut-être plus qu'un sujet d'histoire».

Canning était entièrement de son avis, et il connaissait précisément la personne capable de défendre les intérêts britanniques dans la région. C'était Austen Henry Layard, un homme qui avait beaucoup voyagé à travers le Proche-Orient avant de rejoindre le personnel de Canning à Istanbul en tant que spécialiste des affaires mésopotamiennes et persanes. «Un brave individu, disait de lui un compatriote, très intelligent et très amusant.» Jeune homme doué, Layard s'était lié d'amitié avec Botta dont il partageait la passion pour l'archéologie et la conviction que le passé de la région ne tarderait pas à livrer ses secrets.

Dûment instruit par Stratford Canning qui lui avait recommandé de rester discret et de se tenir à l'écart des querelles locales, Layard fut envoyé à Mossoul au cours du mois d'octobre 1845. Ayant dit à tout le monde qu'il venait là pour chasser le sanglier, Layard s'embarqua sur un radeau avec un ami du consulat britannique, emportant tout ce qu'il fallait pour la chasse, chiens compris. Sous des ballots bien en évidence qui contenaient des lances et des fusils, les deux hommes avaient fourré le matériel dont ils auraient besoin pour les fouilles. Après avoir dérivé pendant sept heures sur le Tigre, ils s'arrêtèrent devant un ensemble de buttes situé sur un escarpement, à trois kilomètres environ de la rive nord-est du fleuve et à une trentaine de kilomètres de Mossoul.

Le 9 novembre 1845 au matin, Layard se mit au travail avec l'aide d'une demi-douzaine d'indigènes aimablement mis à sa disposition par un cheikh de l'endroit. Des tranchées furent creusées, et, en quelques heures, il découvrait non pas un mais deux palais assyriens que des inscriptions, déchiffrées plus tard, désignaient comme ayant été l'un la résidence d'Assournazirpal II, au IXe siècle av. J.-C., et l'autre un édifice inachevé dont la construction avait été entreprise deux siècles plus tard environ par un de ses successeurs nommé Assarhaddon.

Reconstitution d'une des sept portes monumentales du palais de Sargon II à Khorsabad, avec ses deux tours gardées par des colosses de pierre. Le dessin est de Félix Thomas qui accompagnait au siècle dernier l'archéologue français Victor Place sur le lieu des fouilles. Les arcades sont décorées de briques émaillées.

Cependant Layard ne savait pas exactement ce qu'il était en train de fouiller. Il pensait se trouver à Ninive, là où avait prêché le prophète Jonas selon la Bible, et il croyait que Ninive était le nom d'un pays, non celui d'une ville. En fait, il avait découvert Nimroud, la Kalah biblique, qui fut, pendant un temps, la capitale de l'Assyrie. Il fut émerveillé par tout ce que ses ouvriers exhumaient: de beaux ivoires, des briques portant des inscriptions en caractères cunéiformes et des tablettes sculptées où l'on voyait des chars engagés dans une bataille et une ville assiégée. Dans une lettre adressée à une tante qu'il aimait particulièrement, il écrivait: « Je vis au milieu des ruines et je n'aspire à rien d'autre. »

Mais la joie que lui procuraient les trouvailles déjà faites et celles qui allaient suivre n'allait pas tarder à se refroidir. Le pacha de Mossoul qui avait causé tant de tracas à son ami le consul Botta revenait à la charge, décidant un beau jour que les travaux de fouilles devaient s'arrêter. Montant sur son cheval, Layard partit pour Mossoul, et, quelques heures plus tard, il se trouvait en face du pacha qui l'accueillait aimablement et l'assurait qu'il serait très heureux de le voir poursuivre ses

recherches. Mais Layard était à peine de retour sur le chantier qu'un autre messager venait le chercher pour le ramener à Mossoul.

Prenant un air soucieux, le pacha annonça à son «cher monsieur. Layard» qu'il craignait pour sa sécurité. Les buttes sur lesquelles s'effectuaient les fouilles étaient des lieux de sépulture musulmans, et il ne pourrait pas garantir l'intégrité physique de son hôte honoré si ce dernier risquait par ses travaux d'y créer du désordre. «Votre vie a beaucoup plus de valeur que de vieilles pierres», dit le rusé pacha. L'archéologue britannique fut déconcerté; il fouillait sur le site depuis plusieurs semaines et ni lui ni ses hommes n'avaient vu ni touché aucune pierre tombale. Après deux jours de palabres avec le pacha qui ne donnèrent aucun résultat, Layard revint à son chantier pour s'apercevoir qu'une série de pierres tombales, de quoi remplir tout un cimetière, étaient subitement apparues là où une cinquantaine d'heures plus tôt il n'y en avait aucune.

Un des propres agents du pacha, le capitaine Daoud, reconnut que ses hommes avaient reçu l'ordre de monter cette mise en scène. Ils avaient passé des heures épuisantes à déplacer un cimetière pierre à pierre et à toute allure. «Nous nous sommes tués à transporter ces maudites pierres et nous y avons tué nos chevaux», lui dit-il.

Layard finit par apprendre toute la vérité: le pacha avait monté cette supercherie moyennant finance à la demande du consul de France qui voulait empêcher que les Anglais s'immiscent dans ce que les Français

La salle du trône du palais d'Assournazirpal II à Nimroud telle qu'elle se présente dans une reconstitution publiée au siècle dernier par Austen Henry Layard. Les murs sont abondamment décorés de peintures et de sculptures représentant des rois, des prêtres, des génies, des guerriers et des conducteurs de chars. Nimroud — la Kalah biblique — fut fondée en 879 av. J.-C. par Assournazirpal qui en fit sa capitale administrative.

Statue d'Assournazirpal II provenant du sanctuaire d'Ishtar à Nimroud. C'est une des rares statues en pierre qui ait survécu jusqu'à nos jours. Le roi est figuré tête nue, portant la robe à franges qui était le vêtement de la cour en Assyrie. Il présente l'image traditionnelle du souverain assyrien, imposant et implacable.

considéraient comme leur chasse gardée. Un bakchich de Layard soulagea vite le dos endolori du capitaine et les fouilles purent reprendre avec, finalement, la bénédiction de l'administration ottomane et l'autorisation d'exporter les sculptures et les autres objets que l'on dégagerait.

Pour Layard, la chasse aux trésors primait l'étude du site. Sa réussite fut spectaculaire. Du sol furent retirés treize paires de lions ailés, un puissant taureau ailé à tête humaine (la tête d'un roi barbu), une élégante collection de vases d'albâtre et des articles d'équipement militaire tels que casques et armures, semblables à ceux que portaient les soldats représentés sur les bas-reliefs.

Dans une des galeries dont Layard pensait qu'elle ne recelait pratiquement plus rien d'intéressant, les ouvriers firent une trouvaille sensationnelle: un obélisque noir d'un peu plus de deux mètres de hauteur *(page 95)* portant des inscriptions en caractères cunéiformes et vingt panneaux en bas-relief figurant nettement des souverains étrangers faisant acte de soumission et apportant leur tribut au monarque assyrien vainqueur. Il apparut que la scène représentée avait une forte résonance biblique, car l'un des personnages portant son tribut était le roi d'Israël Jéhu, qui, au cours du IXe siècle, avait massacré toute la maison d'Achab et rompu avec ses alliés du royaume voisin de Juda. Pour se concilier les faveurs de la grande puissance de l'époque, il apportait de l'or, de l'argent et d'autres témoignages de son respect au roi assyrien Salmanasar III.

L'obélisque noir, au terme d'un voyage aussi périlleux que celui accompli quelques années auparavant par les pièces de Botta, fut remis debout dans la galerie assyrienne du British Museum de Londres. Cependant, les efforts méritoires déployés par Layard pour récupérer de précieux vestiges ne lui valurent pas beaucoup de reconnaissance de la part de ses supérieurs à Londres. Ils se contentèrent de lui adresser sur un ton condescendant leurs instructions concernant les précautions à prendre pour l'acheminement des objets d'art. Layard remarqua non sans raison, et avec accablement, qu'il était «traité comme un maître maçon» par des spécialistes, certes, mais qui, en matière de voyage et de risques encourus, n'étaient jamais allés bien au-delà des majestueuses salles d'exposition de Bloomsbury, à Londres.

Persuadé que l'endroit qu'il avait fouillé était la Ninive biblique, Layard publia, sous le titre de *Nineveh and Its Remains* (Ninive et ses vestiges), un ouvrage richement illustré faisant le récit de ses découvertes. Malgré l'erreur concernant le nom du site, le livre de Layard constituait une mine d'informations. Les spécialistes les plus sceptiques en furent fortement impressionnés, de même que la grande masse des lecteurs ordinaires, captivés par ce qu'ils apprenaient sur une grande civilisation dont il est question dans la Bible. «L'ouvrage le plus extraordinaire de notre temps», tel fut le verdict d'un critique du *Times* peu après la publication du livre au cours de l'hiver de l'année 1849. L'engouement que manifesta le public amena les responsables du British Museum à desserrer les cordons de la bourse pour soutenir les recherches de Layard.

La vraie Ninive, plus tard identifiée par des inscriptions cunéiformes, allait être explorée elle aussi par Austen Henry Layard à partir de 1847. Son site comprenait le tell de Kuyunjik que Paul-Émile Botta avait fouillé sans grand succès au début de sa carrière archéologique, pensant bien se trouver sur l'emplacement de cette cité légendaire. Le problème de Botta est qu'il n'avait pas pu atteindre les édifices de Ninive, enfouis sous six mètres de terre. Layard, lui, était prêt à creuser jusqu'à cette profondeur. En 1849, il dégagea le palais du Sud-Ouest, construit par Sennachérib, roi d'Assyrie de 704 à 681 av. J.-C., et mit au jour soixante et onze salles où il découvrit environ deux mille plaques sculptées. Mais, pour les savants qui entrevoyaient déjà le déchiffrement de l'écriture cunéiforme, la plus grande découverte de Layard à Ninive fut une section de la bibliothèque impériale située dans le grand palais du Nord-Ouest — le palais d'Assourbanipal, petit-fils de Sennachérib. Cette bibliothèque, édifiée au milieu du VIIe siècle av. J.-C., contenait d'abondantes archives, des textes

de traités, des chroniques assyriennes, une collection de vocabulaires bilingues, des ouvrages de littérature, de médecine, d'astronomie, de mathématiques et des rituels. Ces tablettes allaient permettre d'accéder à une bonne connaissance de la culture assyrienne.

Mais, aux yeux de Layard, le succès de ses efforts n'effaçait pas les difficultés dans lesquelles le mettait la pingrerie de l'administration du British Museum. Il se plaignit à plusieurs reprises d'avoir dû financer des fouilles en prélevant sur ses propres fonds, qui étaient loin d'être inépuisables. Finalement, en 1851, atteint dans sa santé et désespérant de toucher des subventions plus abondantes, il abandonna son chantier, laissant en charge son assistant Hormuzd Rassam, et quitta Mossoul.

Bas-relief en albâtre trouvé dans le palais du Nord-Ouest à Nimroud et représentant le roi Assournazirpal II debout sur son char, s'apprêtant à décocher une flèche au lion qui l'attaque. La chasse au lion constituait pour le roi une agréable diversion entre deux campagnes militaires. Elle était soigneusement organisée de manière à éviter au souverain tout risque inutile. Les bêtes enfermées dans des cages étaient lâchées sur un terrain autour duquel des soldats armés formaient une haie de boucliers.

En descendant le fleuve, Layard se souvenait peut-être d'une question que lui avait posée son ami le cheikh Abd-ur-Rahman. «Au nom du Très-Haut, ô bey, dites-moi ce que vous allez faire avec toutes ces pierres? lui avait-il demandé. Tant de milliers de bourses dépensés pour pareilles choses!» Et peut-être Layard aurait-il souscrit à cette phrase qu'avait alors ajoutée le cheikh: «Ces images ne vous apprendront pas à faire de meilleurs couteaux ni de meilleurs ciseaux ou un meilleur chintz alors que c'est dans ces domaines que vous êtes capables.»

Les Anglais, cependant, n'allaient pas tarder à montrer leurs capacités dans un autre domaine. Quatre ans après que Layard eut renoncé aux fouilles en Mésopotamie, la Royal Asiatic Society de Grande-Bretagne organisa un test pour vérifier que les rares chercheurs qui, depuis plus d'un demi-siècle, s'efforçaient de déchiffrer le cunéiforme se trouvaient maintenant à portée du but. Elle demanda à quatre spécialistes, dont l'ancien consul général à Bagdad Henry Rawlinson, de traduire une même inscription qui venait d'être découverte. En 1857, l'on constata que les quatre versions donnaient plus ou moins la même interprétation. Le British Museum chargea alors plusieurs copistes de travailler sur les tablettes cunéiformes dont il disposait afin de préparer la publication des inscriptions qu'elles contenaient en vue de leur traduction.

Le déchiffrage de l'écriture cunéiforme allait permettre de résoudre des énigmes historiques et archéologiques dont la solution dépassait de beaucoup les possibilités d'un Botta ou d'un Layard. Disposant de cette connaissance précieuse et d'une meilleure technique, les scientifiques du XXe siècle revinrent sur les sites que ces hommes avaient été les premiers à explorer. Parmi eux, il y avait un autre Anglais, Max Mallowan.

En arrivant à Nimroud en 1949 en compagnie de sa femme, la romancière Agatha Christie, Mallowan avait deux idées en tête. Il espérait trouver d'autres spécimens de ces magnifiques figurines en ivoire que Layard avait été le premier à exhumer, et il pensait découvrir quelque part au milieu des ruines les archives de la capitale royale assyrienne.

« Il me paraissait incroyable, écrit-il dans ses mémoires, qu'une ville aussi importante pût être dépourvue de textes économiques, commerciaux, historiques et littéraires. J'aurais mis ma tête à couper que nous finirions par trouver toutes ces choses, et c'est ce que nous avons fait. »

Avec un petit nombre de compatriotes et soixante-dix hommes engagés sur place, Mallowan commença à travailler sur l'un des sites que Layard avait explorés à Nimroud, celui du palais du Nord-Ouest édifié au IXe siècle avant notre ère par Assournazirpal II. Mais ce que Layard avait désigné comme le palais n'était en fait qu'une petite partie d'un ensemble beaucoup plus vaste comprenant des cours intérieures, les salles du trésor, des bâtiments administratifs et des appartements. Les travaux avaient à peine commencé que Max Mallowan mettait au jour, gisant sur une partie préservée du pavement du palais, une petite vache en ivoire finement sculptée qui tenait dans la paume de sa main.

C'était de bon augure. À mesure que les fouilles avançaient, de prodigieuses quantités d'ivoires sculptés apparaissaient *(pages 98-99)*. Par exemple, en explorant précautionneusement un puits profond, on mit la main sur deux plaques d'ivoire décorées à la feuille d'or avec incrustations de cornaline et de lapis-lazuli dessinant une même scène où l'on voit un homme se débattre entre les griffes d'un lion au milieu d'une végétation luxuriante. Dans la masse des sculptures, toutes remarquablement travaillées, deux pièces figuraient des têtes féminines. Une des têtes était celle d'une belle femme que les membres de l'équipe baptisèrent « Mona Lisa » ; l'autre, moins attirante, fut appelée la Vilaine Sœur. Estimant que ces deux pièces étaient des morceaux détachés de meubles en ivoire, Mallowan se demanda comment elles avaient échoué au fond d'un puits, et il se dit qu'elles avaient dû être jetées là par les envahisseurs qui avaient mis à sac le palais au cours des derniers jours de l'empire.

Préserver ces objets fragiles une fois qu'on les avait remontés à l'air libre posait un problème. La couleur et la texture s'altéraient très rapidement ; de couleur jaune pâle et de consistance souple au départ, ils devenaient blancs et cassants. Divers procédés furent essayés pour empêcher les précieux ivoires de tomber en poussière. Joan Oates, un des membres de l'équipe, raconte que c'est Agatha Christie qui trouva la solution. Quand elle n'était pas occupée à écrire son dernier roman policier, Agatha Christie participait à la gestion quotidienne du chantier. Ce fut elle qui proposa à son mari de voir ce que l'on obtiendrait si on enduisait les ivoires d'une crème pour les mains qu'elle utilisait afin de protéger des

Les bas-relief qui ornent l'obélisque noir trouvé par Austen Henry Layard à Nimroud en 1846 représentent les différentes campagnes militaires du roi Salmanasar III et montrent des porteurs de tribut qui lui amènent un éléphant, un rhinocéros, un chameau, un lion et un cerf. On y voit également Jéhu, roi d'Israël, faisant acte de soumission. L'obélisque mesure 2 mètres de hauteur.

ardeurs du soleil mésopotamien sa peau de blonde. Mallowan suivit son conseil qui se révéla d'une grande efficacité sur les antiquités, et le traitement devint de règle sur le chantier.

Tout en poursuivant l'exploration des grandes constructions de Ninive, Mallowan atteignit le deuxième grand objectif qu'il s'était fixé. Pendant leurs fouilles, les chercheurs mirent au jour une bibliothèque pleine de tablettes sur lesquelles étaient consignés en caractères cunéiformes les textes des traités, les affaires de l'État, les événements historiques, les transactions financières et les autres matières présentant un intérêt pour la cour assyrienne. Et bien entendu, c'est dans le temple de Nabu, dieu de l'écriture, que cette découverte fut faite. C'est également dans ce sanctuaire que fut trouvé un document désignant par leurs noms les diverses sections du temple et offrant ainsi à Mallowan l'occasion peu banale et rarissime de se faire guider à travers l'édifice religieux par ceux-là même qui en avaient été les premiers occupants. Ce document toutefois n'aurait pas permis à Mallowan de réaliser les merveilleuses découvertes que devait faire Muzahim en 1988-1989, bien que, pendant qu'il effectuait ses fouilles à Ninive, il ait souvent eu sous ses pieds les fameuses tombes royales qui auraient pu être les plus belles pièces de son tableau de chasse.

Les travaux de Mallowan et de ses successeurs à Nimroud ont jeté une lumière nouvelle sur l'époque où l'Assyrie retrouvait sa place de grande puissance dans un Proche-Orient en proie aux troubles. À la fin du Xe siècle av. J.-C. et au début du siècle suivant, le roi assyrien Adad-Nirari II et ses successeurs avaient réussi à défendre leur pays autrefois si puissant contre les incursions des nomades. L'Assyrie avait été privée de ses colonies et de ses liaisons commerciales, mais ses souverains avaient pu conserver la partie centrale de leur territoire, entre les deux fleuves.

Toutefois, défendre l'Assyrie ce n'était pas simplement s'accrocher à un bout de terre qui retrécissait. Il fallait dompter les rois ennemis pour en faire des vassaux, et l'intérêt économique exigeait des territoires asservis qui versent un tribut ou que l'on livre au pillage. Et s'il fallait une aide divine pour parvenir à ce résultat, alors la dévotion à Assour commandait que l'on répandît son culte aussi loin que l'on pouvait par la force des armes. Mais il fallait un pouvoir fort et centralisé.

Les grandes constructions découvertes à Nimroud par les archéologues modernes témoignent du succès des entreprises assyriennes. Le roi Assournazirpal II, qui régna de 883 à 859 av. J.-C., désirait affirmer sa grandeur en dotant son pays d'une nouvelle capitale, Nimroud, bien éloignée d'une ville aussi vulnérable qu'Assour avec ses souvenirs, ses fantômes et les restes de rois disparus. Des milliers d'hommes travaillèrent à l'érection d'un mur d'enceinte de huit kilomètres de longueur, au creusement d'un canal destiné à amener l'eau dans la ville et dans les champs voisins afin qu'ils pussent être irrigués et à l'édification d'une acropole avec ses sanctuaires, sa ziggourat et son palais royal.

En 879 av. J.-C., la ville étincelait au-dessus de la plaine. Une longue inscription gravée sur un bloc de grès à l'entrée de la salle du trône fut découverte en 1951 par une équipe de la British School of Archaeology en Irak. Dans ce texte, Assournazirpal disait: «Ce palais de bois de cèdre, de cyprès, de genévrier, de buis, de mûrier, de pistachier et de tamaris, je l'ai fondé ici pour mon royal séjour et mon noble plaisir en tout temps. Les bêtes de la montagne et de la mer, je les ai façonnées dans le calcaire blanc et l'albâtre et ajustées dans les portes.» Le palais servait aussi d'entrepôt pour les produits du pillage: «L'argent, l'or, le cuivre et le fer — butin provenant des pays que j'ai placés sous mon autorité —, j'en ai pris de grandes quantités que j'ai déposées ici.»

Afin que nul n'en ignore, Assournazirpal indiquait dans la même inscription qu'il avait organisé un festin d'une durée de dix jours pour lequel «quarante-sept mille soixante-quatorze personnes, hommes et femmes de tous les coins du pays» avaient été invités, ainsi que cinq mille dignitaires étrangers, mille cinq cents fonctionnaires de la cour et seize mille personnes de «toutes conditions» appartenant à la population de la ville. Le menu était décrit dans tous les détails. Il comportait viande, poisson, gibier et comprenait mille têtes de bétail, mille veaux, des moutons et des agneaux plus nombreux encore, des canards, des oies, des pigeons et d'autres oiseaux terrestres ou aquatiques au nombre de trente mille environ, plus un millier de cerfs et de gazelles. Tous ces mets s'accompagnaient de pain, d'oignons, de légumes verts, de marinades épicées, d'œufs et de graines; ils étaient arrosés de véritables lacs de bière

En haut à gauche et à droite de cette pierre du camp d'Assournazirpal, préparation du repas. En bas à gauche, un prêtre va tirer des présages de l'examen des entrailles d'une bête.

et de vin, et, pour terminer, il y avait du fromage, des noix, du miel, des grenades, du raisin et quantité d'autres fruits que les déchiffreurs de l'inscription n'ont pas encore identifiés.

Aux invités de ce festin, Assournazirpal avait pu apparaître comme un hôte bienveillant qui aimait à rappeler ses mérites: «J'ai acquis tout le savoir des scribes, j'ai étudié les cieux avec les savants maîtres de la divination. J'ai résolu les problèmes de la division et de la multiplication, qui n'étaient pas clairs. Chaque jour, j'ai monté mon coursier et chevauché, tenant mon arc et faisant voler les flèches, signe de ma valeur. Je tenais les rênes comme un conducteur de char, et, en même temps, j'apprenais le cérémonial, marchant comme doivent marcher les rois.» Mais, dans les pays qu'il avait pillés pour avoir de quoi construire Nimroud, il n'inspirait qu'horreur. C'était un conquérant qui, même à cette époque où les rois n'étaient pas connus pour la douceur de leurs mœurs, se signalait par sa cruauté. Ainsi, dans une inscription, le souverain, faisant preuve d'un certain orgueil professionnel, déclare: «Parmi les captifs emmenés, j'en ai livré bon nombre aux flammes. Beaucoup ont été capturés vivants; à certains, j'ai coupé les mains à partir du poignet, à d'autres j'ai coupé le nez, les oreilles et les doigts; j'ai crevé les yeux de quantité de soldats. J'ai fait brûler vifs beaucoup de leurs jeunes gens et jeunes filles.» Dans une autre cité, Assournazirpal avait donné une leçon salutaire à ceux qui refusaient de s'incliner devant son pouvoir. Il avait entassé aux portes de la ville les cadavres ramassés sur le champ de bataille et proclamé: «J'ai écorché les nobles, autant qu'il y en avait eu de rebelles, et j'ai étendu leurs peaux sur les tas.»

Ces méthodes brutales furent payantes, car, en 877 av. J.-C., après avoir traversé l'Euphrate à Karkemish et poursuivi sa marche irrésistible à travers la plaine d'Antioche, enjambant l'Oronte et longeant le mont Liban, Assournazirpal parvenait sur les rivages de la mer Méditerranée et déclarait: «J'ai nettoyé mes armes dans la mer profonde et fait des offrandes de moutons aux dieux.» Une fois de plus, l'Assyrie triomphait.

Cette machine de guerre continua de fonctionner sous le commandement de Salmanasar III qui avait succédé à son père Assournazirpal en 858 av. J.-C. Il guerroya pendant trente et une des trente-cinq années de son règne. Après un combat près de l'Oronte avec des forces syriennes de Hama et de Damas, il annonça: «J'ai tué à l'épée quatorze mille de leurs guerriers. La plaine était trop petite pour recevoir tous les corps qui tombaient; la vaste campagne a été entièrement utilisée pour les enterrer. J'ai enjambé l'Oronte en passant sur leurs cadavres comme sur un pont.»

DES IVOIRES FINEMENT SCULPTÉS

Des milliers d'ivoires datant des VIIIe et IXe siècles avant notre ère ont été retrouvés à Nimroud. Ils étaient souvent l'œuvre d'artisans phéniciens ou syriens, et les rois d'Assyrie les obtenaient sous forme de tribut ou de butin de guerre. À l'origine, bon nombre de ces ivoires — tel le visage souriant ci-contre, baptisé « Mona Lisa » par les Britanniques qui l'ont découvert en 1952 — étaient couverts d'une feuille d'or ou enduits d'une teinture.

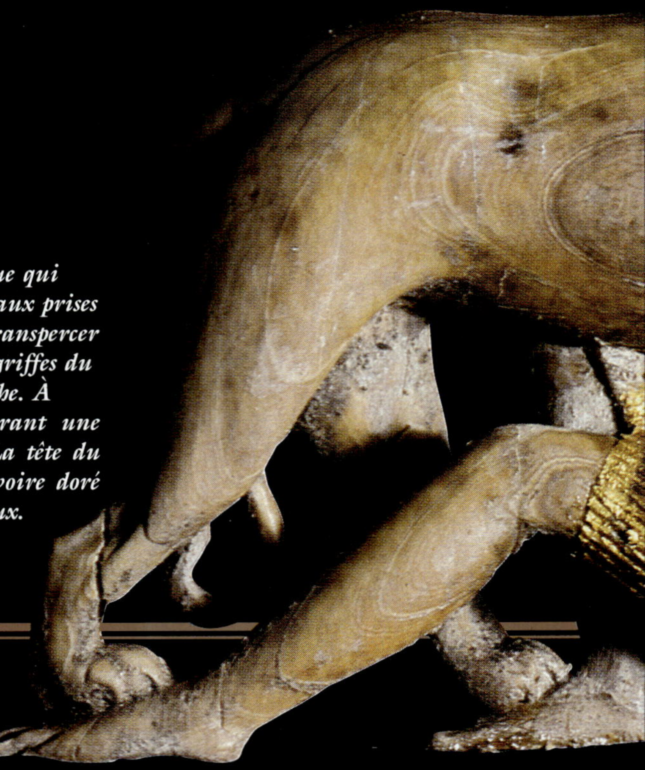

À gauche, fragment d'une statue qui représentait un jeune chasseur aux prises avec un lion et essayant de le transpercer de sa lance. On voit encore les griffes du lion sur son bras et sur sa hanche. À droite, plaque décorative figurant une lionne attaquant un berger. La tête du berger est piquée de boules d'ivoire doré figurant les boucles de ses cheveux.

À gauche, une harpie tient dans ses griffes la carcasse d'une chèvre que dévorent des vautours. Ci-dessous, un porteur de tribut, sculpté en ronde-bosse, mène un oryx par les cornes avec un singe perché sur une épaule et une peau de léopard sur l'autre épaule.

Sur ce relief en pierre provenant du palais du Nord-Ouest à Nimroud se dresse l'arbre sacré avec, à gauche, deux images à peu près identiques du roi Assournazirpal II et, à droite, les images de deux génies qui se livrent à un rite de protection magique avec une pomme de cèdre dans la main droite et un seau dans la main gauche. Le roi, dans son rôle de grand prêtre, lève la main en un geste d'adoration vers un disque solaire ailé qui représente la demeure du dieu Assour.

À Nimroud, Salmanasar édifia un palais beaucoup plus imposant encore que celui d'Assournazirpal. Il en avait près de deux fois la taille, couvrait plus de cinq hectares et comprenait plus de deux cents salles. En mars 1957, Max Mallowan tomba sur le premier signe de sa présence alors qu'il se promenait sur le chantier avec un collègue en dehors des heures de travail. Ayant avisé une brique sur laquelle était gravée une inscription et l'ayant attentivement examinée, les deux hommes découvrirent qu'elle portait le nom de Salmanasar III. Par la suite, Mallowan devait désigner ce secteur du chantier des initiales «F. S.», expliquant à ses camarades perplexes qu'elles signifiaient «Fort Salmanasar».

En cela il manifestait une sorte de prescience; en effet, si Salmanasar considérait l'endroit comme son palais personnel, un de ses successeurs, Assarhaddon, le désignait plus exactement comme un arsenal et la poursuite des fouilles devait en donner la raison: cet imposant édifice n'était pas seulement une luxueuse résidence royale où vivaient le roi, les membres de sa famille, ses courtisans, ses fonctionnaires, les femmes du harem et une laborieuse domesticité; elle constituait aussi une base pour l'armée assyrienne, une forteresse abritée par un rempart de trois cents mètres de longueur formé par une succession de tours en brique crue.

À l'intérieur, les soldats venaient prendre leurs armures et leurs armes pour défiler ensuite dans les vastes cours intérieures en passant devant une tribune en brique où leurs chefs, voire le roi en personne, attendaient de recevoir leur salut. Quand ils n'étaient pas de service, les soldats dormaient dans des casernes abondamment pourvues de salles d'eau, et, au réveil, ils se postaient sur une gigantesque tour crénelée pour guetter l'ennemi qui aurait la témérité d'envahir leur territoire.

Mais la partie de la construction qui dominait l'ensemble était la grande salle du trône, que l'on apercevait de très loin dans la plaine et qui s'élevait à une douzaine de mètres de hauteur. Les fouilles effectuées à cet endroit permettent de penser que la volonté de Salmanasar de faire mieux que son père s'appliquait également à la décoration intérieure, car les hauts murs de la salle du trône étaient décorés de superbes peintures murales remplaçant les reliefs en pierre qui ornaient la salle du trône d'Assournazirpal aux dimensions beaucoup plus modestes.

L'archéologue britannique David Oates, dirigeant les fouilles entre 1958 et 1962, avait découvert, en creusant profondément dans les gravats qui emplissaient la salle du trône, que, bien que le trône de Salmanasar eût disparu, le socle sur lequel il reposait était toujours là. C'était un énorme piédestal d'une quinzaine de tonnes, décoré de frises finement exécutées représentant une cérémonie royale. Il portait une inscription proclamant que ce trône avait été dressé pour Salmanasar III au cours de la treizième année de son règne, soit en 845 av. J.-C.

Quels qu'aient pu être les rapports entre Salmanasar et son père, ils ne pouvaient être pires que ceux qui s'étaient créés entre Salmanasar et l'un de ses fils. Ce dernier s'était rebellé contre lui en 828 av. J.-C. et avait persuadé vingt-sept cités assyriennes, dont Ninive et Assour, de se joindre à la révolte. Salmanasar, qui avait pris de l'âge, chargea Shamshi-Adad, frère cadet du prince rebelle, de mater la révolte. Une guerre civile éclata pendant laquelle Salmanasar, languissant dans son palais, recevait des messages l'informant de l'évolution de la situation. Les troubles, qui opposaient la noblesse rurale et les habitants des villes à une administration provinciale corrompue et à des tyranneaux de l'entourage du roi, se prolongèrent trois ans après la mort de Salmanasar, survenue en 824 av. J.-C. Ils préludaient à quatre-vingts années d'instabilité politique et de déclin économique, étant donné que les vassaux de l'Assyrie ne versaient plus de tribut à un voisin qui avait cessé d'être menaçant.

De cette période obscure de l'histoire assyrienne émerge cependant une héroïne dont la mémoire survivra pendant près de trois mille ans, atteignant la dimension d'un mythe et captivant l'imagination des Européens. Celle que nous connaissons sous le nom de Sémiramis et que les Assyriens appelaient Sammouramat était la belle-fille de Salmanasar et l'épouse du vainqueur de la guerre civile Shamshi-Adad V. Après la mort prématurée de son conjoint, elle avait exercé la régence au nom d'un fils en bas âge, mais les chroniques assyriennes ne lui consacrent guère d'attention. Ce sont les auteurs grecs, tel Ctésias, médecin du roi de Perse au Ve siècle av. J.-C., qui ont perpétué sa légende.

Dans leurs récits, la reine Sémiramis apparaît comme une farouche amazone, fille d'une déesse, fondant de grandes cités — ou les détruisant — et triomphant des grandes puissances de son époque pour finalement se transformer en colombe au moment de sa mort. Sa légende devait survivre alors même que l'Assyrie était depuis longtemps oubliée. Ainsi, au siècle dernier, le compositeur italien Rossini créait un opéra, *Sémiramis,* qui reçut un médiocre accueil, racontant l'histoire d'une femme qui passait, selon les termes d'un orientaliste, pour «la plus belle, la plus cruelle, la plus puissante et la plus lascive des reines de l'Orient».

Profitant du déclin temporaire de l'Assyrie, une autre puissance de la région, l'Ourartou, tenta de s'affirmer. Le territoire de l'Ourartou couvrait ce qui constitue aujourd'hui la Turquie orientale, l'Iran du Nord-Ouest et l'Arménie. C'était un royaume prospère gouverné par des rois guerriers qui étaient toujours restés sur le pied de guerre pour faire face au danger croissant que représentait l'Assyrie. Mais, dans la mesure où l'influence de l'Assyrie diminuait, celle de l'Ourartou grandissait. L'Assyrie finit cependant par reprendre des forces, et, sous Teglat-Phalasar, qui régna de 745 à 727 av. J.-C., elle décida de riposter. Le souverain assyrien s'était juré de «briser comme de la vaisselle» les roitelets qui s'étaient alliés à l'Ourartou. Les historiens voient en lui celui qui sut transformer un puissant royaume en un véritable empire.

Ses succès militaires sont attribuables, en partie tout au moins, à sa décision de créer une armée permanente destinée à renforcer l'armée traditionnelle composée de conscrits qui, après la bataille, retournaient à la vie civile. L'Assyrie lui doit également le développement du rôle de la cavalerie. Dans les régions montagneuses où, de plus en plus souvent, se livraient les combats contre l'Ourartou et d'autres ennemis, le cheval était beaucoup plus utile que l'habituel char de guerre qui risquait à tout moment de s'enliser ou de se renverser.

Une fois qu'il avait conquis un pays, Teglat-Phalasar assurait la domination assyrienne dans ce pays en procédant à des transferts de populations. Hommes, femmes et enfants par milliers étaient arrachés à leur terre natale et conduits sous bonne escorte vers leurs nouveaux foyers, distants de plusieurs centaines de kilomètres. C'est ainsi que trente mille habitants de Hama, sur l'Oronte, dans le Liban actuel, parcoururent près de mille kilomètres pour gagner l'endroit que le roi leur avait assigné dans la chaîne du Zagros. En basse Mésopotamie, il y eut, en une seule année, cent cinquante-quatre mille personnes déplacées. Cette politique de transfert de populations, que les successeurs de Teglat-Phalasar poursuivirent avec ardeur, ne visait pas simplement à aviver les blessures du vaincu. Teglat-Phalasar pensait que des populations arrachées à leur milieu naturel et aux lieux fréquentés par leurs dieux perdraient plus facilement leur identité tribale et deviendraient par là même des sujets plus accommodants au sein d'un Empire assyrien agrandi.

Parmi les peuples vaincus, ceux qui n'avaient pas été chassés de chez eux pour être conduits de la plaine à la montagne ou vice-versa se voyaient privés de leurs chefs. Les roitelets et les chefs locaux étaient remplacés par des gouverneurs venus de la capitale assyrienne; leurs territoires devenaient des provinces assyriennes au lieu d'être considérés comme des États vassaux. Les fonctionnaires continuaient d'y faire d'importants prélèvements, mais sous forme d'impôts et non plus de tribut.

Pour créer et entretenir cette nouvelle infrastructure, Teglat-Phalasar mit sur pied un système de communications efficace utilisant des messagers chargés de transmettre les instructions du centre aux nouveaux

Les chars de Salmanasar III **(registre du haut)** *et le massacre des hommes de Hazau (registre du bas) figurent parmi les scènes de guerre représentées sur seize bandes de bronze de 28 centimètres de largeur qui ornaient les portes du temple à Balawat, résidence d'été du roi. Les portes en bois de 6,40 mètres de hauteur n'étaient pas montées sur des gonds mais fixées à des poteaux qui pivotaient sur des socles en pierre. Cette partie courbe d'une bande de bronze entourait le poteau.*

districts de la périphérie. Les gouverneurs détenaient de larges pouvoirs administratifs et juridiques, mais ils étaient soumis à un flot continuel de directives royales. Les informations circulaient dans les deux sens, surtout pour ce qui concernait la défense du royaume. C'est ainsi qu'un homme qui avait fourni des informations utiles sur les activités d'une certaine tribu du sud de la Mésopotamie reçut du roi un message personnel de re-merciement. «Celui qui aime la maison de son seigneur porte à la connaissance de son seigneur tout ce qu'il voit ou entend, écrivait le roi. Vous avez bien fait d'envoyer un message.»

Toutefois, la menace que représentait l'Ourartou ne disparut pas du jour au lendemain. Ce fut seulement sous le règne de Sargon II (722 à 705 av. J.-C.) que l'Assyrie sentit le danger s'estomper, mais pour parvenir à ce résultat elle dut mobiliser toutes ses forces. Sargon II reconnaissait lui-même que «pour ce qui est des hommes qui vivent dans ces régions, au pays d'Ourartou, ils n'ont pas leurs pareils comme habiles cavaliers». Les régions montagneuses sur lesquelles s'exerçait la domination de l'Ourartou posaient un double problème à l'armée assyrienne en temps de guerre. Elle avait besoin non seulement de troupes à cheval mais aussi de soldats du génie afin d'assurer le passage des troupes sur les sommets et à travers les précipices.

Dans un texte qui se présente sous la forme d'une lettre à «Assour, père des dieux, aux dieux et déesses du Destin, à la cité et à ses habitants et au palais en cette cité», Sargon II décrit les exploits des hommes du génie pendant la campagne menée par l'armée assyrienne en 714 av. J.-C. dans ce qui est aujourd'hui le Kurdistan. Sur un ton magistral, il s'en attribue presque tout le mérite. «De pioches de bronze j'ai armé mes pionniers, dit-il. Les rochers des hautes montagnes, ils les ont fait voler en éclats; ils ont amélioré le passage. J'ai pris la tête de mes hommes. Les chars, la cavalerie, les combattants qui étaient à mon côté, je les ai fait survoler cette montagne comme des aigles vaillants.»

Les campagnes de Sargon contre l'Ourartou furent sans doute couronnées de succès à court terme, mais ni lui ni aucun autre souverain assyrien ne put jamais soumettre ce puissant royaume qui continua d'exister aussi longtemps que l'Assyrie elle-même. Au VIIe siècle av. J.-C., une sorte de coexistence pacifique s'était établie entre les deux États.

Sargon léguait à ses successeurs un empire à l'apogée de sa puissance. Il lui avait donné une nouvelle capitale, Dur-Sharrukin, construite sur le site de l'actuelle Khorsabad, là où plus tard Botta allait inaugurer les fouilles assyriologiques. Les guerres de conquête étaient devenues plus rares, la priorité pour les Assyriens étant désormais de défendre leurs possessions, d'assurer que les tributs qu'ils levaient continuent d'arriver et de veiller à ce qu'aucun voisin ambitieux, aucune province rebelle ne vînt troubler l'ordre impérial. En 705 av. J.-C., Sargon fut tué alors qu'il

Salmanasar III (à droite) *et son contemporain Mardouk-Zakir-Shoumi, roi de Babylone, se serrent la main. La scène est gravée sur les marches du trône dans la salle du trône de «Fort Salmanasar». Le souverain était intervenu pour Mardouk-Zakir-Shoumi dans le conflit qui l'opposait à un frère ambitieux désireux de prendre sa place.*

dirigeait des opérations contre des rebelles à Tabal, dans les chaînes montagneuses du Taurus. Dur-Sharrukin, qui venait d'être inaugurée, fut alors abandonnée. Le ciel s'obscurcissait dans diverses parties de l'empire, sur le littoral méditerranéen comme en Babylonie, et, à la mort de Sargon, l'orage éclata dans ces deux régions. Les révoltes furent matées avec sauvagerie par Sennachérib, fils et successeur de Sargon.

À Babylone, le nouveau souverain ne fit pas de quartier. Les Assyriens eux-mêmes avaient toujours considéré l'antique cité comme la demeure des dieux, un lieu saint qui méritait le respect, et ils ne l'avaient jamais saccagée. Mais Sennachérib n'avait pas de ces scrupules quand il s'agissait de punir une ville rebelle. Il l'attaqua «comme une tornade», pour reprendre ses propres termes, et se montra d'une extrême cruauté

dans la répression, ce dont il tira gloire en disant: «Ses habitants, jeunes et vieux, je ne les épargnai point et, de leurs cadavres, je remplis toutes les rues de la ville.» Il livra la cité aux flammes, détruisant «ses maisons de fond en comble». Même les cendres et la poussière des ruines, nous dit-il encore, furent ramassées par les soldats pour être distribuées comme souvenirs à de loyaux sujets ou pour être conservées «en vase clos» à l'intérieur du temple d'Assour, principal dieu assyrien.

Une fois qu'il en eut fini avec Babylone, Sennachérib put se consacrer à ses adversaires de l'Ouest — la Syrie et les royaumes juifs d'Israël et

Ci-dessus, aquarelle de l'archéologue allemand Walter Andrae présentant le décor d'une revue historique à grand spectacle intitulée **Sardanapale,** *s'inspirant de la vie du roi assyrien Assourbanipal. Le décor est censé être la salle du trésor à Nimroud. Le spectacle fut donné en 1908 à Berlin. Ci-contre, des acteurs costumés posent pour des photos publicitaires.*

de Juda — qui ne connurent pas un meilleur sort. Leurs villes tombèrent l'une après l'autre. La Bible raconte qu'une armée fut envoyée contre Ézéchias, roi de Juda, qui s'était rebellé contre les Assyriens. Une féroce bataille s'ensuivit pour la ville forte de Lakish, située à la frontière du royaume, à quarante kilomètres au sud-ouest de Jérusalem. La bataille a été représentée par les Assyriens vainqueurs sur une série de bas-reliefs envoyés par Layard au British Museum *(pages 71-77)* et l'événement est mentionné dans la Bible. Les archéologues ont trouvé les traces de destructions à Lakish, à Beersheba et à Arad, villes situées à quatre-vingts kilomètres au sud de Jérusalem. Rien ne semblait pouvoir arrêter Sennachérib.

Jérusalem elle-même fut assiégée. Une inscription sur une stèle exhumée à Ninive raconte l'événement du point de vue assyrien et traite avec mépris le roi de Juda: «Et Ézéchias de Juda, qui ne s'était pas laissé subjuguer par moi (...), je l'ai enfermé dans Jérusalem, sa royale cité, tel un oiseau en cage. Des terrassements j'ai dressé contre lui, et quiconque sortait par la porte de sa ville devait payer pour son crime. Ses villes fortifiées dont je me suis emparées et que j'ai pillées, je les ai coupées de sa terre.» Cependant, dans ce récit, qui commence sur un ton si vif, il n'est nulle part question de combats, et Sennachérib poursuit en disant: «La splendeur de ma majesté l'a anéanti», ce qui a peut-être bien été le cas.

L'inscription indique ensuite la nature du tribut payé par Ézéchias au roi d'Assour: trente talents d'or, des «trésors précieux», un certain nombre de «chanteurs et chanteuses» attachées à sa cour, ainsi que quelques-unes de ses filles et de ses concubines. Le chiffre qui est donné pour l'or est conforme à celui que l'on trouve dans la Bible, dans le livre des Rois, où l'on lit: «Le roi d'Assour exigea d'Ézéchias, roi de Juda, trois cents talents d'argent et trente talents d'or.»

La politique assyrienne de déplacement des peuples conquis est également mentionnée dans la Bible. Dans le royaume du Nord, Israël, où vivaient dix des douze tribus issues des douze fils de Jacob constituant la population juive d'origine et qui avait été plus durement traité par les monarques assyriens que le royaume du Sud, Juda, une grande partie des habitants furent déportés vers des destinations inconnues d'où ils n'allaient jamais revenir. Ce sont les dix tribus perdues d'Israël, qui restent inscrites tant dans la légende que dans la mémoire du peuple juif.

Rentré dans son pays en Assyrie, Sennachérib transféra sa capitale à Ninive et entreprit d'y construire un nouvel ensemble architectural qu'il appela «le palais sans rival». Ce devait être un monument à sa gloire. L'édifice, d'une superficie de plus d'un hectare, mariait avec beaucoup d'art la blancheur éblouissante du calcaire, les bois rares et odoriférants, l'ivoire sculpté et les métaux précieux des garnitures. Sa construction fut assurée par des déportés ou par des travailleurs recrutés dans tous les coins de l'empire, y compris en Babylonie, dans les royaumes d'Israël et de Juda, dans les montagnes de l'Asie Mineure et aux confins nord-ouest de la Perse. Tous les détails de sa conception et de l'aménagement intérieur, depuis les reliefs sculptés qui ornaient les murs jusqu'à la flore et à la faune exotiques qui peuplaient ses jardins, étaient destinés à affirmer la gloire et la grandeur de Sennachérib, l'importance de ses conquêtes et leur étendue et la solidité de son pouvoir.

Ce monument à la gloire d'un roi n'était pas pour autant dépourvu de commodités. Des puits équipés de poulies, de seaux et de chaînes de bronze fournissaient l'eau. Sur le sol en brique de la salle de bains, contiguë à la salle du trône, un revêtement en bitume assurait l'étanchéité; dans une partie en contrebas, on avait aménagé des orifices d'évacuation qui pouvaient être obturés avec des pierres. La ventilation était assurée par un dispositif que les habitants de l'époque appelaient une «porte de brise» et qui était peut-être une simple grille ou quelque autre trou d'aération réglable. Les archéologues fouillant le palais se sont posé quelques questions concernant de longues rainures creusées dans le sol en pierre et ressemblant vaguement à des rails de chemin de fer; leur situation et leurs dimensions font penser que ces rainures ont pu être utilisées pour déplacer à travers l'immense pièce un grand brasier monté sur roues qui devait chauffer les occupants pendant les hivers froids de Ninive.

Mais Sennachérib ne profita pas longtemps des splendeurs de son nouveau palais. En janvier 681 av. J.-C., il mourut de mort violente. D'après certaines sources, il aurait été assassiné par un de ses fils alors

Le repos du guerrier: Assourbanipal, allongé au milieu des vignes, des palmiers et des pins de son jardin, a déposé son arc et prend un rafraîchissement en compagnie de son épouse. À gauche, derrière les domestiques qui éventent le couple, la tête du roi d'Élam, l'ennemi vaincu, est pendue à un arbre. La scène figure sur un relief du palais à Ninive.

qu'il était en prière dans un temple de Ninive. Selon d'autres sources, c'est une grande statue représentant un taureau ailé qui, en s'écroulant, aurait écrasé le souverain pendant qu'il se recueillait. Quoi qu'il en soit, sa mort fut interprétée comme un châtiment divin pour un crime qu'il aurait commis, sans doute la destruction, huit ans plus tôt, de la ville de Babylone bénie des dieux. Son successeur, Assarhaddon, partageait probablement cet avis, car il s'empressa de réparer le tort causé en ordonnant la reconstruction de la cité. Il ne manqua pas non plus de faire ce qui lui revenait pour étendre encore l'Empire assyrien; ses armées pénétrèrent en Égypte et s'emparèrent de Memphis, dont le pharaon Taharqa, d'origine nubienne, avait fait sa capitale et qui recelait de grandes richesses. Par une ironie du sort, c'est le trésor égyptien qui servit à financer la reconstruction de Babylone.

Le successeur d'Assarhaddon fut Assourbanipal *(pages 108-109)* qui ne ménagea pas ses efforts pour pouvoir garder le contrôle de toutes ses possessions. Il dut combattre sur plusieurs fronts et, entre autres, contre une Égypte rebelle. Dans les rares périodes de paix que connut son règne, il réussit à créer la remarquable bibliothèque découverte à Ninive — une bibliothèque qu'il avait dotée d'un admirable système de classement et qu'il s'évertuait constamment à enrichir par de nouvelles acquisitions. Ainsi, dans une lettre adressée à l'un de ses hommes qui se trouvait à Babylone pour affaires, un nommé Koudourranou, il ordonne: «Cherche et envoie-moi toute tablette rare dont tu as pu avoir connaissance et qu'on ne trouve pas en Assyrie.» Dans d'autres inscriptions, Assourbanipal se vante de l'étendue de son savoir et affirme maîtriser diverses disciplines; il se dit capable de déchiffrer des textes en plusieurs langues et de résoudre des problèmes de mathématiques présentant de grandes difficultés.

Au cours de l'été 612 av. J.-C., soit une quinzaine d'années après la mort d'Assourbanipal, Babylone reconstruite et ressuscitée allait prendre sa revanche sur les profanateurs assyriens. Avec les Mèdes, qui occupaient un territoire à l'est de l'Assyrie dans les vallées fertiles de l'ouest de la Perse, les Babyloniens déclenchèrent une offensive qui aboutit à Ninive. La ville succomba après trois mois de siège, et le récit de cette victoire figure dans une chronique babylonienne découverte en 1923.

En 1989-1990, les recherches effectuées sur le terrain par une équipe de l'université de Californie à Berkeley sous la conduite de l'archéologue britannique David Stronach ont apporté plusieurs témoignages concrets concernant les dernières heures de Ninive. Les chercheurs ont ainsi relevé à l'une des entrées de la ville, la porte Halzi, flanquée de huit tours en pierre, les traces d'ultimes efforts déployés pour la défense de la ville: retrécissement de l'entrée, mise en place d'un bloc de pierre destiné à empêcher le passage de l'ennemi et réparation des murs croulants avec des moyens de fortune. Mais l'inanité de ces efforts a été confirmée non seulement par les historiens de l'Antiquité mais aussi par David Stronach, qui a découvert à l'emplacement de cette porte monumentale une pile de cadavres, les restes d'au moins une douzaine de

Le roi Assourbanipal participe en personne à la reconstruction du temple de Mardouk à Babylone. Sur cette stèle qui date de l'an 660 av. J.-C., il porte sur la tête la corbeille du constructeur. La scène illustre une tradition très ancienne, antérieure à Sumer, qui impose au roi l'obligation d'édifier des temples et d'assurer leur entretien.

défenseurs figés par la mort. Il a notamment mis au jour à cet endroit les ossements d'un adolescent qui ne devait pas avoir plus de treize ans et qui gisait sur le sol avec la pointe d'une flèche encore enfoncée dans sa jambe; une autre victime s'était effondrée face contre terre; une troisième était morte les bras en croix et la face tournée vers le ciel.

Au moment de la chute de Ninive, la monarchie assyrienne se réfugie à Harran, ville située sur un affluent de l'Euphrate dans ce qui est aujourd'hui le sud de la Turquie. Là un nouveau roi, Ashourouballit, va présider aux derniers jours mouvementés de l'Empire assyrien. En 605 av. J.-C., les Babyloniens et leurs alliés affrontent les Assyriens à Karkemish, ville de haute Syrie, à quatre-vingts kilomètres à l'ouest de Harran. Une fois de plus, la Bible nous permet de combler certaines lacunes. Le pharaon Néchao se porte au secours de l'Assyrie, l'ancienne ennemie de l'Égypte devenue son alliée, et se dirige vers l'Euphrate, mais les forces égyptiennes sont interceptées à Megiddo par l'armée de Josias, roi de Juda, qui veut les empêcher d'atteindre le champ de bataille. Au cours d'un féroce accrochage, Josias est tué par Néchao, et ce dernier peut alors poursuivre son chemin. En arrivant à Karkemish, les Égyptiens apportent leur soutien à une Assyrie affaiblie et mortellement blessée, mais, en 605 av. J.-C., ils sont chassés de la région par les Babyloniens.

Les ennemis de l'Assyrie, jadis victimes de sa puissance, ne pleurèrent pas sa fin. Sans doute auraient-ils dit, comme le prophète hébreu Sophonie: «...Telle sera la ville en liesse, qui habitat en sécurité, qui disait en son cœur: 'Moi, et rien que moi!' Comment est-elle devenue une dévastation, un gîte pour animaux? Quiconque passe près d'elle siffle (geste de mépris et de moquerie), et agite la main.»

Mais il appartenait à des observateurs moins prévenus — des hommes tels que Paul-Émile Botta, Henry Austen Layard, Max Mallowan et Mahmoud Hussein Muzahim — de produire des témoignages qui permettraient de présenter une image plus complète de ce que fut l'Assyrie.

L'ODYSSÉE DES MONOLITHES

S'il avait su déchiffrer l'écriture cunéiforme, Paul-Émile Botta, consul de France et archéologue, se serait peut-être considéré comme un homme averti. «Selon l'élan de mon cœur, déclarait Sargon II dans les tablettes dédicatoires de son palais de Khorsabad, j'ai construit des palais d'ivoire, de bois d'érable, de buis, de mûrier, de cèdre, de genévrier, de pin et de pistachier. J'ai garni leurs portails d'animaux sculptés dans une pierre blanche. Quiconque détruira l'œuvre de mes mains, effacera la relation de mes exploits, qu'Assour, le grand seigneur, détruise son nom et sa postérité de la terre.»

Botta, inconscient de cette malédiction, mit la main sur deux des nombreux taureaux ailés androcéphales qui gardaient le palais du roi ainsi que les portes de la ville. Son but était de les transporter jusqu'à Paris, mais l'entreprise, menée en 1846 avec le concours de six cents hommes, fut frappée par le sort. D'ailleurs, la malchance a souvent accompagné le déplacement de ces statues colossales depuis les temps anciens où on en avait installé partout à Khorsabad, à Ninive et à Nimroud.

Ces énormes bêtes, qui tenaient parfois du lion, jouaient le rôle de génies protecteurs, et nul doute qu'elles effrayaient, à l'époque, ceux qui s'approchaient des édifices dont elles étaient censées assurer la garde. Au siècle dernier, le Britannique Austen Henry Layard voyaient en elles de «mystérieux emblèmes» symbolisant l'intelligence humaine, l'ubiquité des oiseaux et la force du lion ou celle du taureau. De nos jours, ces colosses continuent de fasciner les nouvelles générations de curieux dans quelques-uns des grands musées du monde.

Deux taureaux androcéphales, partiellement dégagés par l'archéologue français Victor Place, ornent une des entrées de Khorsabad sur la photo ci-contre prise en 1853. Un seul parviendra jusqu'au musée du Louvre, l'autre ayant coulé avec le radeau qui le transportait sur le Tigre et n'ayant jamais été retrouvé. D'autres monolithes (ci-dessus) *seraient découverts à Khorsabad lors des fouilles effectuées en 1933.*

À LA FORCE DES MUSCLES

Si le roi Sennachérib n'avait pas eu le désir de faire étalage de ses mérites en faisant représenter ses hauts faits et les grands travaux qu'il avait menés à bien durant son règne sur les murs de son palais de Ninive, les historiens de nos jours auraient eu beaucoup de mal à comprendre de quelle façon les Assyriens procédaient pour extraire, travailler et transporter les énormes blocs de pierre dont ils se servaient pour sculpter leurs taureaux ailés.

Mais heureusement une série de reliefs découverts en 1849 par Austen Henry Layard dans le palais du roi retrace dans le détail toutes ces opérations. Tout est montré: les ouvriers en route vers la carrière, le découpage d'un bloc de pierre et enfin le transport du monolithe partiellement sculpté jusqu'au palais. Une fois arrivé à destination, il était livré aux mains des maîtres d'œuvre qui lui donnaient sa forme définitive. Les dessins que nous reproduisons sur ces deux pages ont été réalisés d'après les reliefs.

À ces remarquables informations en images s'ajoutent les précieuses inscriptions en écriture cunéiforme dont quelques-unes figurent sur le ventre des taureaux ailés ou entre leurs pattes arrière et qui décrivent avec de nombreux détails le type de pierre utilisé et sa provenance. Ces inscriptions ont notamment appris aux spécialistes que Sennachérib avait fait mettre en exploitation une carrière à Balataï, non loin de Ninive, en remplacement d'une carrière plus ancienne située à Tastiate, de l'autre côté du Tigre, afin d'éviter à ces énormes chargements de pierre le risque de la traversée du fleuve. Les historiens ont, en effet, appris par les inscriptions déchiffrées que le père de Sennachérib, Sargon II, avait perdu au moins un colosse lors d'une crue subite du Tigre.

Quatre équipes d'ouvriers tirent sur de gros cordages pour extraire de la carrière la statue inachevée d'un taureau ailé reposant sur un traîneau. On aperçoit, en haut à gauche, le roi Sennachérib qui surveille les opérations, installé dans son char à l'ombre d'un parasol.

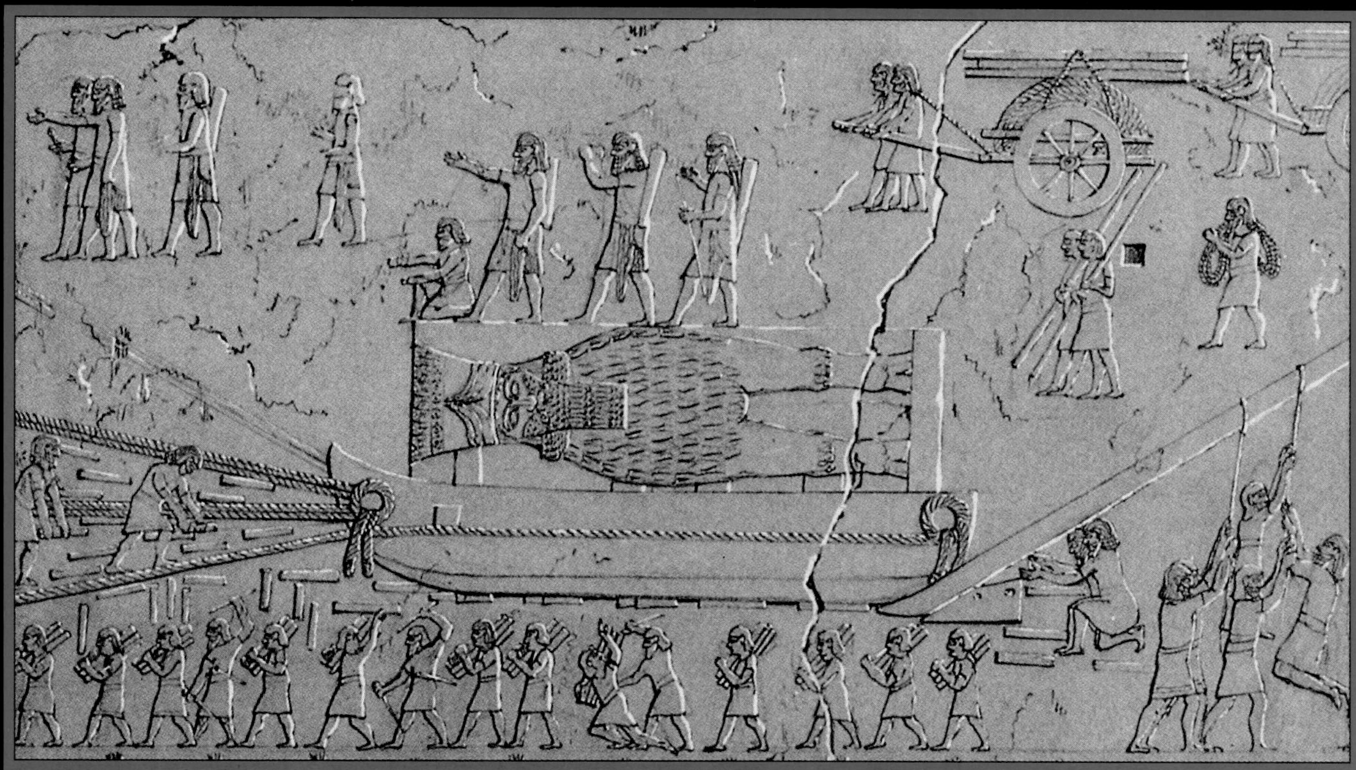

Le traîneau lourdement chargé progresse péniblement sur un terrain sec, poussé par des ouvriers qui utilisent un grand levier de bois.

D'autres ouvriers, à l'avant, disposent des rouleaux à terre pour faciliter le passage. Debout sur le colosse, les contremaîtres dirigent les opérations.

Un bloc de pierre est transporté de la carrière au palais au moyen d'un radeau soutenu par des peaux d'animaux gonflées. Les colosses étaient généralement trop lourds et trop encombrants pour être acheminés par la voie fluviale, et on les traînait sur le sol. Au siècle dernier, pourtant, Henry Layard eut recours au flottage.

LE PARTAGE DU BUTIN

En 1847, Austen Henry Layard, qui venait d'exhumer plus d'une demi-douzaine de paires de colosses ailés du palais du Nord-Ouest d'Assournazirpal II à Nimroud, consacra une pensée au long sommeil qu'ils avaient connu sous terre. «Pendant vingt-cinq siècles, écrit-il, ils étaient restés cachés aux yeux des hommes, et voilà qu'ils réapparaissaient soudainement dans toute leur antique majesté.» Ayant résolu de partager leur splendeur et sa propre émotion avec ses compatriotes, Layard choisit un lion et un taureau qui provenaient de la grande salle centrale du palais et prit les dispositions nécessaires afin que les monolithes assyriens soient acheminés en toute sécurité au British Museum, à Londres.

Le transport — un voyage qui dura dix-huit mois de Nimroud à Londres en passant par le Tigre, le golfe Persique, l'océan Indien et l'océan Atlantique — fut une odyssée pleine de péripéties. Les précieux matériaux d'emballage utilisés par Layard furent dérobés par des bédouins; la charrette transportant le taureau ailé fut attaquée par des maraudeurs après s'être enlisée par deux fois sur le chemin du fleuve; et les deux colosses faillirent l'un et l'autre tomber à la mer au cours d'une tempête au large de Ceylan. Mais, finalement, sans avoir éprouvé dommage, les statues arrivèrent en Angleterre.

Du haut d'un mur en ruine de la grande salle centrale du palais d'Assournazirpal* (ci-contre), *Layard dirige l'abaissement d'un taureau de dix tonnes qu'il cherche à placer sur des rouleaux. En bas, deux équipes de travailleurs indigènes déploient de gros efforts pour équilibrer un système complexe de cordages et d'étresillons soutenant le monolithe dans sa descente. À environ un mètre ou un mètre et demi du sol, les cordages, qui avaient commencé à fumer, cédèrent. Heureusement, le taureau atterrit indemne, tourné sur le côté et prêt pour le transport.

Emmaillotté dans du feutre et des nattes, le taureau monté sur une charrette que trois cents hommes font mouvoir avance péniblement vers le fleuve sous les yeux de quelques spectateurs. Layard chevauche en tête de la procession, suivi par les membres d'un orchestre indigène. Au fond, on aperçoit les tertres blanchâtres qui abritent les ruines de Nimroud. Au départ, Layard avait attelé des buffles à la charrette, mais les bêtes, sentant le poids qu'elles auraient à traîner, avaient obstinément refusé de bouger.

Des hommes en armes assurent la protection du taureau couché qui fait son chemin le long du Tigre jusqu'à Bassora. Pour construire ce radeau géant soutenu par 600 peaux de chèvres ou de moutons, Layard s'était assuré les services d'un voiturier par eau, criblé de dettes et prêt à tenter l'aventure que d'autres jugeaient irréalisable.

Cette gravure publiée dans The Illustrated London News *montre un lion ailé androcéphale introduit au British Museum par des moyens mécaniques. Il s'agit de l'un des deux lions qui gardaient la salle du trône d'Assournazirpal II, et arrivé à Londres en 1852, soit plus de trois ans après les deux premiers colosses expédiés par Layard.*

LE TAUREAU DE SARGON

Plus personne n'avait procédé à des recherches à Khorsabad depuis soixante-quatorze ans quand, en 1928, le chercheur Edward Chiera, de l'Oriental Institute de l'université de Chicago, reprit les fouilles commencées par Paul-Émile Botta et poursuivies par Victor Place.

Alors qu'il faisait creuser à l'entrée de la salle du trône de Sargon II, les ouvriers de Chiera mirent au jour un taureau géant qui s'était cassé en trois gros morceaux. La statue, dont le poids était estimé à quarante tonnes, avait été associée d'abord à celle d'un dompteur de lions, mais cette dernière avait été emportée par Botta afin d'être exposée au musée du Louvre.

Même réduite en morceaux, c'était une œuvre magnifique, et elle fut expédiée aux États-Unis. Comme elle était beaucoup trop volumineuse pour franchir les tunnels du chemin de fer entre New York et Chicago, on la fit passer par La Nouvelle-Orléans. La statue, reconstituée, fut exposée à l'Oriental Institute.

En 1993, le Louvre fit faire une reproduction du taureau géant pour l'installer dans sa nouvelle cour de Khorsabad. Et là, cent cinquante ans après, la reproduction alla rejoindre le dompteur de lions, recréant ainsi l'assemblage original.

Debout à l'entrée de la salle du trône de Sargon II, Chiera **(à gauche)** *pose pour la postérité entre les jambes et le torse du taureau brisé. Le tronc, à lui seul, pesait une vingtaine de tonnes. Ci-dessous, le tronc enfermé dans une caisse en bois est hissé à l'aide d'engins mécaniques sur une remorque qui a été fabriquée avec des traverses de chemin de fer et des roues de canons, vestiges de la Première Guerre mondiale. Le camion trois-tonnes allait tomber en panne à quatre reprises avant d'atteindre le Tigre.*

À Chicago (ci-dessus), *un Français prépare le coffrage en plâtre destiné à maintenir la couche de silicone qui se trouve au-dessous et qui constitue le vrai moule à partir duquel on obtiendra la reproduction du taureau de Chicago. Dans une deuxième phase* (à gauche), *on enlève le moule en silicone. Moule et coffrage seront expédiés au Louvre où l'on coulera une copie de la statue.*

UN GRAND EMPIRE DU PASSÉ

En 1991, le musée du Louvre entreprit de transférer sa collection assyrienne dans l'aile Richelieu (anciennement occupée par le ministère des Finances), qui venait d'être ouverte au public. Ce déplacement, inspiré en partie par le désir de mettre en valeur les trésors mésopotamiens qu'il possédait, fut l'occasion pour les conservateurs du musée de les placer dans un nouveau cadre rappelant celui de leur milieu d'origine. C'est ainsi que fut créée la cour de Khorsabad, évocation de la cour de Sargon II où se déroulaient les pratiques cérémonielles, avec ses murs enduits de stuc, son sol en brique cuite et un éclairage naturel.

Parmi les diverses sculptures disposées autour de la cour figurent les deux taureaux géants découverts par Paul-Émile Botta *(à droite)*; l'un d'eux est le seul que Victor Place ait réussi à ramener de Khorsabad, l'autre étant une reproduction exécutée en 1857 pour simuler le double qui avait sombré dans le Tigre. Dans la cour sont également exposés la copie du taureau de Chicago, le dompteur de lions qui l'accompagnait et diverses figures de génies ailés.

Rue de Rivoli, la circulation est arrêtée devant l'aile Richelieu du musée du Louvre pour laisser passer un des taureaux androcéphales de Botta qui vient prendre sa place dans la cour de Khorsabad au musée. La statue, protégée par un cadre d'acier, pèse 30 tonnes.

Les deux taureaux ailés de Sargon montent de nouveau la garde, cette fois dans la cour de Khorsabad au musée du Louvre. Botta avait découpé à la scie ces colosses de 4,25 mètres de hauteur afin de faciliter leur transport jusqu'à Paris. Ils n'ont pas souffert de leurs mésaventures.

Q U A T R E

UNE CITÉ BÉNIE DES DIEUX

Tête en bronze d'un serpent-dragon cornu, symbole de Mardouk, le dieu tutélaire de Babylone. L'objet, qui date du VIe siècle avant notre ère, ornait un sceptre ou le timon d'un char. Les rainures que l'on distingue sur le cou suggèrent que, à l'origine, une feuille d'or recouvrait cette pièce décorative.

En 1811, Claudius James Rich, quittant Bagdad pour aller voir les ruines de Babylone, avait voulu faire les choses avec style, persuadé que, pour gagner le respect des populations locales, il fallait les impressionner. Sa caravane mit deux jours à parcourir les quatre-vingts kilomètres d'un trajet difficile coupé de canaux asséchés et de hautes buttes. Rich avançait en tête, sur son cheval, suivi d'une troupe de cavaliers et de treize Cipayes venus des Indes, tous vêtus d'uniformes chamarrés. Un canon avec affût à limonière avait été placé sur un chariot tiré par des chevaux, et soixante-dix mules chargées de bagages fermaient la marche.

Mary, la femme de Rich, était elle aussi du voyage, mais son équipage n'était ni aussi flamboyant ni aussi confortable que celui de son mari; elle voyageait dans une litière couverte qui brinquebalait comme un vulgaire colis, accrochée à une perche entre deux mules. Les deux servantes qui l'accompagnaient avaient été casées dans des sortes de cages accrochées sur le dos d'une même mule, la plus mince étant perchée sur une pile de pierres pour contrebalancer le poids de la plus dodue.

Rich n'avait que vingt-six ans, mais ce voyage vers Babylone était déjà le couronnement d'une vie consacrée à l'étude du Proche-Orient. Enfant prodige, il avait été fasciné dès l'âge tendre de neuf ans par des manuscrits arabes et persans et s'était attelé à apprendre l'arabe, le persan, le latin, le grec, l'hébreu, le syrien, le turc, le chaldéen et quelques notions de chinois. Sa connaissance des langues lui avait valu d'être engagé, à l'âge de dix-sept ans, par la puissante Compagnie des Indes orientales qui gérait les intérêts commerciaux de la Grande-Bretagne dans une grande partie de l'Asie et, en 1808, l'année de son mariage, il avait été nommé représentant de la compagnie à Bagdad. Ses précédentes affectations lui avaient déjà donné l'occasion de satisfaire sa curiosité concernant d'autres civilisations. En Égypte, par exemple, il avait non seulement perfectionné son arabe mais il avait également appris, auprès du corps d'élite des mamelouks, à monter à cheval et à se servir d'une lance et d'un cimeterre; en outre, après son départ d'Égypte, il était allé visiter la Syrie et la Perse déguisé en bédouin.

Résidant à Bagdad, il en profitait pour rassembler des manuscrits et des objets ouvrés anciens qui devaient lui servir à écrire une histoire de la Mésopotamie; puisqu'il était sur place, il était tout bonnement impensable de ne pas aller contempler les vestiges de Babylone, la cité légendaire dont le nom s'était répercuté à travers les siècles. Hérodote, historien grec du Ve siècle avant notre ère, qui disait être allé à Babylone, écrivait qu'elle «dépassait en splendeur toute autre ville du monde connu». D'autres auteurs classiques l'ont décrite comme une ville merveilleuse de par ses dimensions, sa magnificence et ses richesses. Elle abritait à l'intérieur de ses murs la grande ziggourat d'Etemenanki, que d'aucuns assimilaient à la tour de Babel *(pages 39-45)*, ainsi qu'une multitude de temples fabuleux et les très célèbres jardins suspendus, décrits par les auteurs classiques comme l'une des sept merveilles du monde. Qui plus est, dans la Bible, le nom même de Babylone était devenu synonyme de stupre et de corruption, bien que les Judéens eussent eux aussi succombé à son influence et à ses charmes.

D'innombrables tablettes d'argile portant des inscriptions en écriture cunéiforme qui contaient par le menu la vie quotidienne de la cité nous ont appris que Babylone, à l'époque de sa renaissance, c'est-à-dire vers le milieu du Ier millénaire avant notre ère, était une grande puissance commerciale. L'Empire babylonien s'étendait du golfe Persique aux frontières de l'Égypte et au littoral méditerranéen du Liban actuel. Dans la capitale, grouillante de vie, se mêlaient des immigrés venus de tous les horizons du Proche-Orient, ce qui créait un mélange dynamique de traditions culturelles dans lequel se développait un savoir qui est à la base de nos connaissances actuelles dans des domaines aussi divers que l'astronomie, la médecine, les mathématiques et l'écriture.

Malgré tout, la gloire de Babylone, en cette période dite néobabylonienne, avait été de très courte durée: tout juste soixante-six ans, de 605 à 539 av. J.-C. Pendant plus de la moitié de cette période, la ville avait vécu sous la domination du grand Nabuchodonosor II, puissant monarque dont les grandioses projets de bâtisseur avaient fait de Babylone une capitale d'une impressionnante grandeur.

Femme tenant un nourrisson contre son sein. Statuette en terre cuite de 5 centimètres de hauteur datant du VIe siècle avant notre ère. Elle a été retrouvée à Babylone en 1909 par des archéologues allemands. De tels objets étaient censés protéger le foyer.

Au siècle dernier, le site de Babylone était bien entendu connu des érudits occidentaux, même si rares étaient ceux qui avaient eu l'occasion de le contempler. Depuis le XIIe siècle, des voyageurs avaient laissé de courtes notes sur les brèves visites qu'ils y avaient faites. Les bédouins continuaient d'appeler les tertres babyloniens de leurs noms anciens — Babil ou Kasr — qui signifient «palais». Rich n'avait donc aucun doute concernant la nature du lieu qu'il avait entrepris d'explorer. Pendant les dix jours de sa visite, il mesura, arpenta et dessina les grands tertres couverts d'une herbe touffue poussant entre des mares saumâtres. Il parcourut à cheval toute la longueur du site qui s'étendait sur huit kilomètres le long de la rive gauche de l'Euphrate. Chaque tertre reçut un nom et un relevé de terrain fut effectué avec l'aide des soldats présents. Des villageois de la région, qui venaient chercher là des briques pour leur propre usage, vendirent à Rich, pour sa collection, quelques spécimens portant des inscriptions.

Le voyage avait été des plus exaltants, bien qu'on n'eût rien découvert dans le fouillis des décombres qui pût évoquer les constructions à plusieurs niveaux de la ville. La plupart des briques en terre crue séchées au soleil étaient tombées en poussière; les gens de l'endroit fouillaient le site depuis des siècles à la recherche de matériaux de construction récupérables, et de grands tas de débris s'étaient accumulés au-dessus des restes. Ainsi que l'a fait remarquer un siècle plus tard l'archéologue allemand Robert Koldewey, qui fut le premier à fouiller systématiquement le site de Babylone, «Ceux qui sont habitués à la Grèce et à ses vestiges sont toujours étonnés quand on leur désigne ces tertres comme étant des ruines. Il n'y a là ni blocs de pierre ni colonnes; même quand on fouille, on ne trouve que de la brique.»

Rich publia deux comptes rendus détaillés des observations faites sur le site, le second après y être retourné, en 1817, pour vérifier les mesures effectuées lors du premier voyage. Ses deux ouvrages frappèrent l'imagination du public et lui valurent la considération des savants. Il ne cachait pas cependant une légère pointe de déception. «Je n'annonce aucune découverte, écrivait-il. Je n'avance aucune hypothèse intéressante.» Il se bornait, en fait, à décrire ce qu'il avait vu. Toute tentative de déchiffrer le site, selon lui, ne conduirait qu'à une «confusion inextricable».

C'est pourtant en s'inspirant de Rich que d'autres chercheurs finiraient par échapper à la «confusion». Le jeune explorateur eut une fin digne, et même admirable: en 1821, il mourut du choléra, maladie qu'il avait contractée en soignant les victimes d'une épidémie à Chiraz, en Iran. Il léguait au monde non seulement un très bel exemple de courage personnel, mais aussi une collection de manuscrits et d'objets anciens contenant quelques-uns des premiers spécimens d'écriture cunéiforme jamais vus en Europe. Exposée au British Museum, cette collection allait susciter l'intérêt de nombre d'universitaires et d'archéologues anglais, français et allemands du XIXe siècle et pousser ces chercheurs d'un genre nouveau à entreprendre l'étude méthodique et scientifique de la Mésopotamie antique.

Le véritable découvreur de Babylone serait finalement un homme appartenant à cette nouvelle génération de spécialistes, bien différents des amateurs, tels que Rich, qui les avaient précédés. Robert Koldewey, qui se livra là-bas à plusieurs campagnes de fouilles entre 1899 et 1917, était un personnage dont le caractère bonhomme et la fougue ne laissaient pas deviner l'approche patiente et méthodique dès qu'il s'agissait de son travail. Chercheur expérimenté — il avait déjà fait des fouilles en

Robert Koldewey, qui, de 1899 à 1917, dirigea chaque année des fouilles à Babylone, pose facétieusement pour le photographe dans les locaux de l'expédition. Derrière l'archéologue, tout de blanc vêtu, des objets exhumés s'entassent sur des étagères.

Grèce, en Italie et en Syrie —, Koldewey allait porter l'archéologie à un nouveau niveau de précision.

Le projet de Koldewey remonte peut-être à un voyage qu'il fit en 1887, au cours duquel il passa deux jours dans les ruines de Babylone et fut intrigué par quelques fragments de briques vernissées aux couleurs vives qu'il y récolta. Il lui fallut cependant attendre plus de dix ans pour que son projet trouvât sa concrétisation. De retour dans la région, Koldewey chercha l'endroit où effectuer des fouilles prolongées. Sur le Kasr — un tertre de mille six cents mètres de longueur, proche de l'Euphrate, là où d'anciens textes situaient le palais royal de Babylone — la présence d'innombrables fragments de briques bleus, rouges, jaunes et blancs le convainquit, et convainquit ses supérieurs des musées royaux de Berlin, que cet emplacement était le bon. Le 26 mars 1899, son équipe commença à creuser une tranchée d'exploration sur le côté est du Kasr.

Sur le registre des visiteurs de l'expédition, Walter Andrae, un des collègues de Koldewey, illustre de façon malicieuse la remarque d'un directeur de musée allemand comparant Babylone à une fille de roi qui saigne et a besoin d'aide. Le dessin montre Koldewey (à gauche) et Andrae aidant la princesse à étancher sa soif dans l'Euphrate. Plus bas, deux visiteurs se disent persuadés, après avoir rencontré Koldewey et Andrae, que « le passé de Babylone a un grand avenir ».

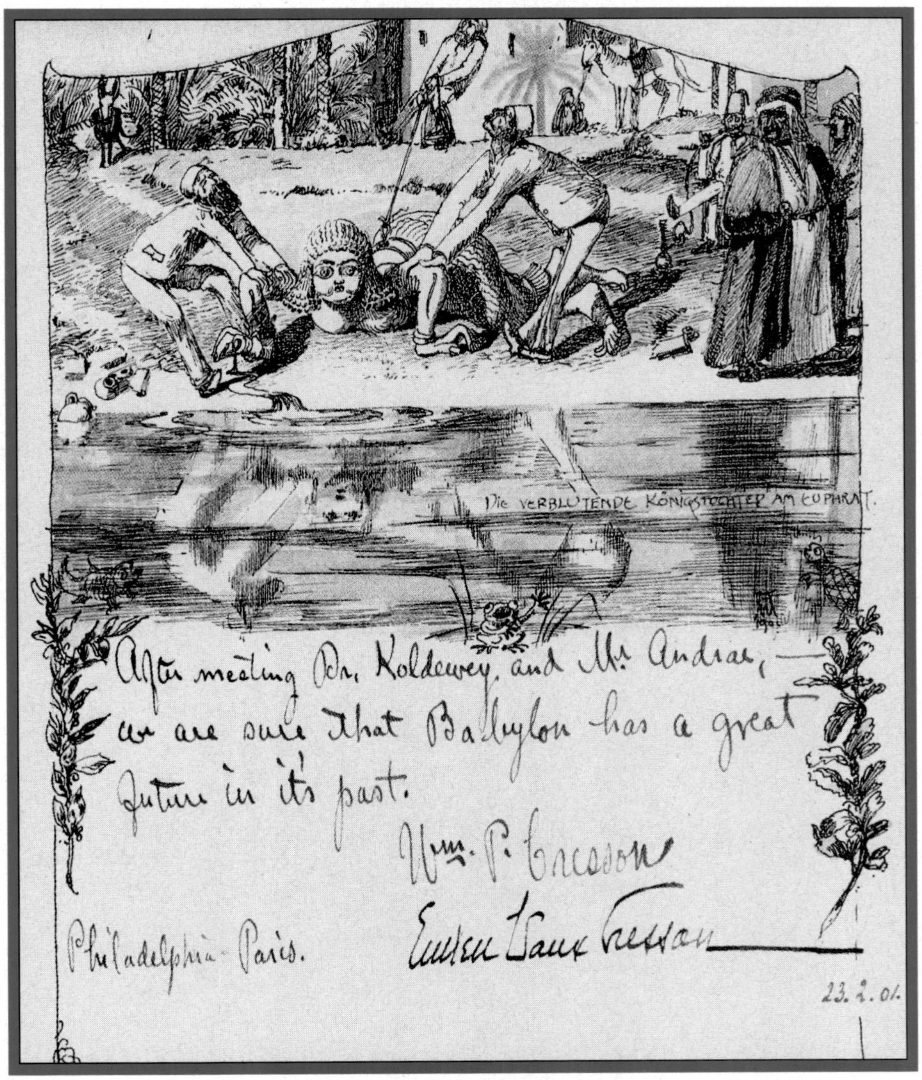

Les travaux révélèrent rapidement que les fragments de briques provenaient de deux hauts murs qui bordaient une voie de vingt-deux mètres de largeur et de près de deux cents mètres de longueur menant vers un amas de ruines au sud. La voie était bordée d'une pierre rouge appelée brèche et pavée de dalles blanches, mesurant chacune environ un mètre carré, et encore toutes lisses et glissantes d'avoir été polies par les sandales de milliers de piétons. La chaussée comportait un soubassement de brique et d'asphalte reposant sur des fondations d'argile, de sable et de gravats. L'ensemble formait une voie en pente qui dominait la plaine environnante d'une hauteur de douze à quatorze mètres.

Mais ce sont les murs, hauts d'une dizaine de mètres, édifiés en bordure de cette étonnante artère qui retinrent le plus l'attention des archéologues. Ces murs, d'un bleu éclatant, étaient ornés de frises faites de briques de terre cuite émaillées de

Photographie aérienne, prise du nord-ouest, des ruines du palais principal de Nabuchodonosor à Babylone. En bas à gauche, le rectangle est le temple de Ninma; la diagonale à sa droite est la voie processionnelle qui passe par la porte d'Ishtar. Juste au-dessus de l'excavation cruciforme de la porte d'Ishtar s'alignent les fondations de ce que d'aucuns croient être les fameux jardins suspendus. Le rectangle dégagé qui apparaît en haut à gauche serait la salle du trône du souverain.

couleurs vives. Sur ces frises étaient représentés, en blanc, jaune et rouge, des lions de deux mètres de longueur environ, avançant en rang en direction de la cité. Il y en avait peut-être une soixantaine de chaque côté de la voie qui pénétrait dans Babylone par la superbe porte d'Ishtar *(pages 151 à 157).*

Pour ceux qui eussent été tentés d'attaquer la ville, observait Koldewey, ce chemin enserré était un «vrai chemin de mort» où ils auraient constitué une cible facile pour les défenseurs de la cité, perchés sur les murs dressés de part et d'autre de la voie. Mais, en l'occurrence, les considérations de défense n'avaient joué qu'un rôle secondaire dans la construction de cette voie, abondamment décorée, qui conduisait au centre de Babylone. Les cunéiformes, qui avaient déjà donné à Koldewey quelques informations sur la ville, décrivaient les solennités dont cette rue était le théâtre au printemps de chaque année, à l'occasion de la célébration de l'Akitou, le Nouvel An babylonien. Elle devenait alors la voie sacrée pour l'entrée solennelle du dieu Mardouk, rituel célébrant le renouveau de la nature et assurant la prospérité de la capitale. Koldewey appela cette rue la voie processionnelle.

Dans le calendrier babylonien, l'année débutait au mois de *nisan,* qui est à cheval sur nos mois de mars et d'avril et où se situait l'équinoxe de printemps, date où le jour a une durée égale à celle de la nuit. Durant les festivités qui étaient organisées à cette occasion et qui duraient onze jours, le sort de Babylone et de ses habitants était entre les mains de Mardouk qui, de petit dieu local, était devenu le dieu principal non seulement de Babylone mais de toute la Basse-Mésopotamie. Les assyriologues ont trouvé dans les tablettes gravées de caractères cunéiformes de nombreux détails concernant la célébration de l'Akitou, les sacrifices que l'on faisait à cette occasion et le poème épique que l'on récitait, retraçant la victoire de Mardouk sur les forces du Chaos, lors de la création du monde *(pages 60-61).*

Le Nouvel An était aussi l'époque où le roi devait renouveler sa légitimité et prouver qu'il était digne de régner pendant une année encore. Au cinquième jour des festivités, il gagnait le temple de l'Aikatou, qui se trouvait hors des limites de la ville. C'était le seul jour où il lui était permis de pénétrer à l'intérieur du sanctuaire, et, là, il lui fallait s'humilier devant la statue du dieu. Il n'accédait à sa présence qu'après s'être dépouillé de ses insignes royaux, et, parvenu dans le saint des saints, il devait jurer qu'il n'avait pas offensé les dieux pendant l'année écoulée et appeler la bénédiction de Mardouk sur sa cité. Un rite de fertilité avait lieu à l'intérieur du temple, comportant, croit-on, l'union physique du roi avec une prêtresse et symbolisant peut-être la relation spéciale censée exister entre les souverains du Ciel et de la Terre.

Le onzième et ultime jour des festivités, le roi et la statue de

Le dieu Mardouk, richement vêtu, tient dans sa main un bâton et un anneau, emblèmes du pouvoir royal. Un serpent-dragon est à ses pieds. Dessin reproduisant une image gravée sur un sceau-cylindre de lapis-lazuli découvert dans les ruines d'une maison de Babylone. Dieu tutélaire de Babylone, Mardouk vit sa popularité grandir proportionnellement à l'influence et à la prospérité de sa ville.

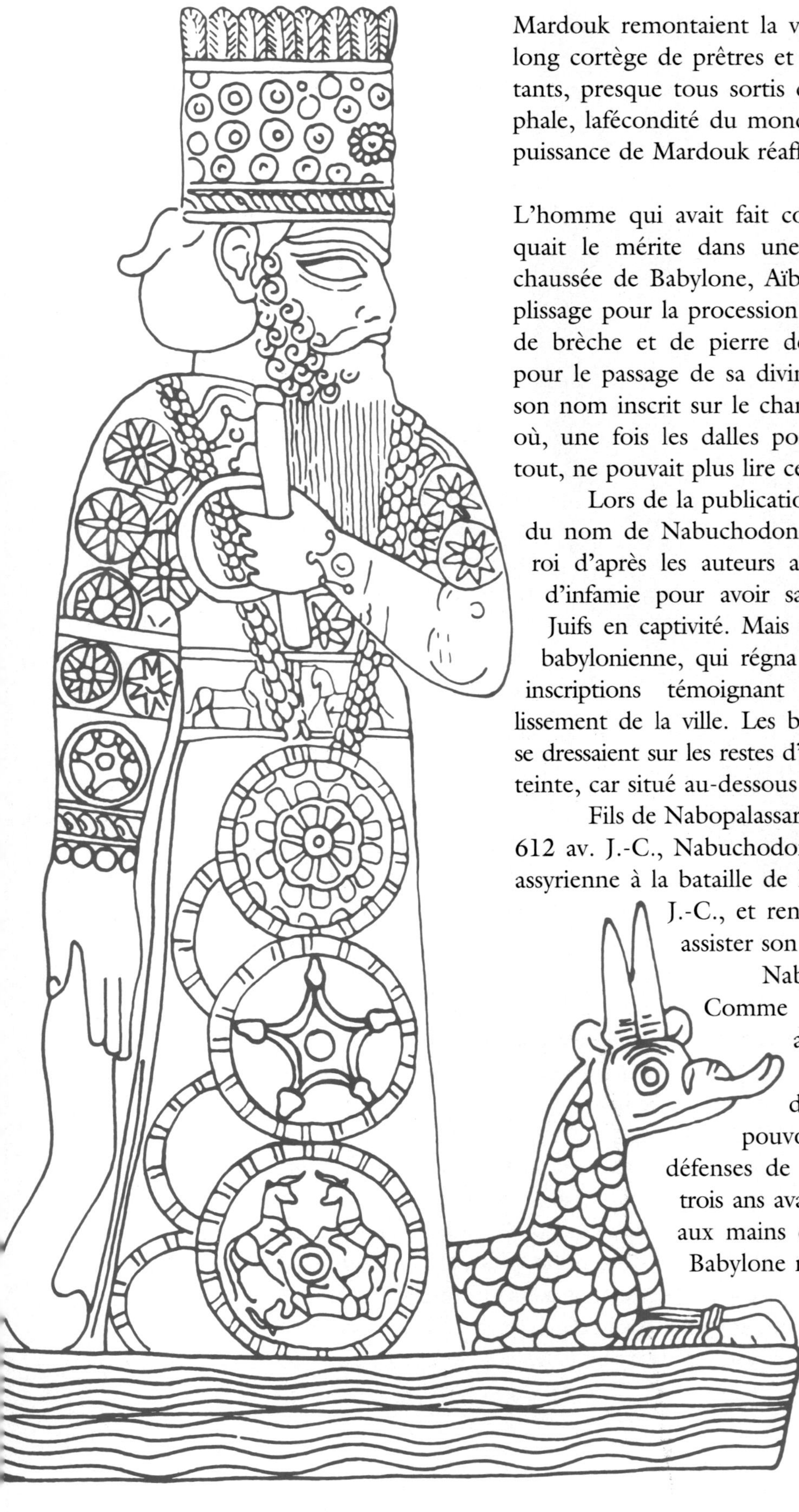

Mardouk remontaient la voie sacrée, chacun sur son char, suivis d'un long cortège de prêtres et d'idoles, et regagnaient Babylone. Les habitants, presque tous sortis de la ville, faisaient alors une rentrée triomphale, lafécondité du monde étant assurée pour une nouvelle année, la puissance de Mardouk réaffirmée et le roi reconduit dans ses fonctions.

L'homme qui avait fait construire la voie processionnelle en revendiquait le mérite dans une inscription cunéiforme ainsi rédigée: «La chaussée de Babylone, Aïbour-Shabou, je l'ai comblée d'un haut remplissage pour la procession du grand seigneur Mardouk; avec des blocs de brèche et de pierre des montagnes, j'ai aménagé Aïbour-Shabou pour le passage de sa divine personne.» L'auteur de ces lignes a laissé son nom inscrit sur le chant des grandes dalles couvrant la chaussée, là où, une fois les dalles posées, plus personne, sauf Mardouk qui voit tout, ne pouvait plus lire ces mots: Nabuchodonosor, roi de Babylone.

Lors de la publication des travaux de Koldewey, la seule mention du nom de Nabuchodonosor II fit sensation. On connaissait bien ce roi d'après les auteurs anciens et d'après la Bible qui l'avait frappé d'infamie pour avoir saccagé Jérusalem et conduit des milliers de Juifs en captivité. Mais ce souverain, le plus grand de l'époque néo-babylonienne, qui régna de 605 à 562 av. J.-C., avait laissé d'autres inscriptions témoignant du zèle qu'il déployait pour l'embellissement de la ville. Les bâtiments, comme l'avait découvert Koldewey, se dressaient sur les restes d'un ancien établissement, aujourd'hui hors d'atteinte, car situé au-dessous du niveau actuel de la nappe phréatique.

Fils de Nabopalassar, qui combattit l'Assyrie et détruisit Ninive en 612 av. J.-C., Nabuchodonosor donna le coup de grâce à la puissance assyrienne à la bataille de Karkemish, sur le haut Euphrate, en 605 av. J.-C., et rentra ensuite précipitamment à Babylone pour assister son père mourant et prendre sa succession.

Nabuchodonosor II était d'origine chaldéenne. Comme les Amorrites et les Kassites, les Chaldéens avaient émigré en basse Mésopotamie, insufflant une vie nouvelle à la région et y fondant une nouvelle dynastie. À son arrivée au pouvoir, Nabuchodonosor chercha à renforcer les défenses de Babylone. En 648 av. J.-C., soit quarante-trois ans avant le début de son règne, la ville était tombée aux mains des Assyriens conduits par Assourbanipal, et Babylone n'était pas à l'abri d'une nouvelle attaque. Le nouveau roi veilla donc à faire agrandir les épais remparts et les larges canaux entourant la ville de manière à cerner une zone

Sur cette carte babylonienne du monde, on voit la mer Salée qui entoure l'ensemble du monde connu, le haut étant orienté à l'ouest. Babylone apparaît sous la forme d'une boîte rectangulaire au-dessus du centre et sous un arc qui figure la chaîne de montagnes où l'Euphrate prend sa source. Le fleuve coule de haut en bas de la carte. Au-delà de la mer s'étendent des contrées fabuleuses que décrit le texte cunéiforme accompagnant la carte. L'une d'elles abrite la demeure de Ziousoudra, survivant du Déluge.

de près de huit kilomètres carrés dont les historiens estiment la population à deux cent mille habitants environ.

Dans un autre ordre d'idées, la ville était également menacée par les crues de l'Euphrate. C'est pourquoi Nabuchodonosor fit recouvrir les remparts et les canaux d'un bitume étanche pour assurer une meilleure protection contre les infiltrations ou les inondations. Le fleuve, malgré les dangers qu'il présentait, constituait une artère vitale pour les Babyloniens. L'abondance de ses eaux, mises au service de l'agriculture par les canaux d'irrigation, compensait l'insuffisance des précipitations dans la région. Hérodote écrivait à ce sujet: «Si grande est la fertilité des champs de céréales qu'ils produisent habituellement des récoltes deux cents fois supérieures», c'est-à-dire dont le poids est deux cents fois celui des semences.

Le fleuve assurait aussi la puissance économique de Babylone. L'Empire babylonien était sillonné de voies commerciales dirigées vers la Méditerranée, l'Arabie ou l'Asie Mineure, et des provinces du Proche-Orient parvenaient les tributs des vassaux. Des bateaux marchands descendaient l'Euphrate et s'arrêtaient à Babylone pour décharger. Hérodote rapporte que ces bateaux étaient ensuite démontés et que le retour se faisait à dos d'âne quand la force du courant empêchait de remonter le fleuve à la voile. Pourtant de nombreux textes attestent que ces grandes péniches en bois étaient halées à contre-courant le long des cours d'eau et des canaux, soit par des hommes, soit par des animaux de trait.

L'Euphrate, providence de Babylone, lui apportait aussi son matériau de construction. La région manquant cruellement de pierre et de bois, les Babyloniens prélevaient dans le sol alluvial des rives du fleuve de quoi alimenter ce qui était sans doute la plus grande industrie de fabrication de briques du monde antique. Des équipes d'ouvriers travaillant en pleine chaleur emplissaient des milliers de moules en bois d'une argile qui, une fois séchée au soleil ardent, fournissait des pièces de construction durables. Sur certaines de ces briques, Koldewey pouvait encore discerner l'empreinte des mains qui les avaient façonnées quelque deux mille quatre cents ans plus tôt.

Pour les chercheurs, les constructions en brique dictaient de nouvelles techniques archéologiques. La clé du succès résidait dans la détermination du tracé des murs dont les débris gisaient sur le sol. Koldewey rassembla à cette fin une équipe de deux cent cinquante ouvriers avec laquelle il mit au point une méthode de dégagement des murs qui serait par la suite adoptée par tous les archéologues. Il s'agissait, pour commencer, de faire une étude de terrain en cherchant les briques intactes qui pouvaient s'y trouver et en relevant sur le sol les légères différences de coloration qui peuvent indiquer l'orientation d'un mur. Une fois qu'on avait trouvé les indices que l'on recherchait, on demandait à quelques ouvriers d'enlever soigneusement les couches de terre accumulées sur les murs tandis que d'autres emportaient les déblais dans des paniers et les vidaient dans des wagonnets pour les évacuer vers un coin du chantier ne présentant pas d'interêt.

Il était essentiel de décrire chaque objet exhumé dans l'état où il avait été trouvé, car, une fois exposées à l'air, les briques de terre crue encore intactes se détérioraient rapidement. Le moment le plus favorable pour l'étude de la ville était donc le moment où on la dégageait.

Malgré la chaleur accablante qui régnait sur le chantier en été — la température pouvait atteindre cianquante-quatre degrés à l'ombre — Koldewey n'arrêtait pas. Mais, au cours de sa douzième campagne de fouilles, en 1910, une grosse difficulté se présenta: près de la voie sacrée, au cœur de la cité, là où s'élevait jadis le temple de Mardouk, que les Babyloniens appelaient Esagil, «la maison à tête haute», en raison de

Le texte inscrit sur ce cylindre d'argile de 18 centimètres de longueur datant du règne de Nabuchodonosor se rapporte à la construction d'un temple et s'adresse aux dieux. Le constructeur du temple supplie le dieu Ninkarrak de «considérer avec bienveillance l'œuvre de [ses] mains» et termine par ces mots: «La joie de mon cœur est offerte en présent. Que Shamash et Mardouk soient juges de mon travail. Plaidez en ma faveur.»

sa taille, se dressait maintenant un grand tertre auquel on avait donné le nom d'un héros arabe, Amran ibn Ali.

Un sondage fut effectué au centre du tertre. On eut beau creuser plusieurs jours durant, on ne trouva rien. Finalement, parvenus à une profondeur de vingt-deux mètres environ, les fouilleurs heurtèrent un obstacle. Par un incroyable coup de chance, ils étaient tombés sur un pavage portant des inscriptions aux noms des anciens rois d'Assyrie, Assourbanipal et Assarhaddon, preuve qu'ils étaient bien sur l'emplacement de l'Esagil. Il leur fallut néanmoins déblayer des milliers de mètres cubes de terre pour qu'apparût au moins une partie de la construction. Ayant alors creusé des galeries tout autour des murs du temple, ils constatèrent que celui-ci couvrait une superficie de quelque dix-sept mille mètres carrés.

À l'intérieur, Nabuchodonosor avait fait aménager, selon ce qu'il en dit dans une inscription, un superbe sanctuaire digne de Mardouk: «Avec de l'or resplendissant, je lui ai fait des murs qui brillent comme le soleil. Avec du lapis-lazuli et de l'albâtre, j'ai habillé l'intérieur du temple.» Toutefois, lors de sa découverte, le site n'avait plus rien, hormis ses dimensions, qui évoquât sa splendeur passée, car l'Esagil avait été systématiquement pillé plusieurs siècles auparavant.

Koldewey savait que Nabuchodonosor, le roi bâtisseur, avait vécu et travaillé dans un cadre luxueux, à l'intérieur du plus grand des trois palais de Babylone, le palais du Sud, qu'il décrivait comme «le siège de [son] royaume, le point d'assemblage de toute l'humanité, le séjour de la joie et de l'allégresse». Il disait avoir construit son palais «sur la vaste face de la terre avec du bitume et des briques» et ajoutait: «De grands troncs de cèdres j'ai fait venir du Liban — une lumineuse forêt pour lui servir de toiture; je l'ai fait entourer d'un grand mur de bitume et de brique et j'ai fait en sorte que ce soit de là qu'émanent les commandements royaux, les injonctions du seigneur.»

Poursuivant ses fouilles sur cet emplacement situé juste derrière la porte d'Ishtar, Koldewey apprit par diverses inscriptions qu'il recelait deux constructions: l'une très grande, la plus ancienne, reconstruite par Nabuchodonosor, et une extension, au nord, rajoutée plus tard par le roi. La première avait été édifiée par Nabopalassar dans le style mésopotamien habituel. Elle comprenait cinq cours intérieures qui, avec les pièces situées tout autour, abritaient la garnison, les bureaux, les organes de l'État, les appartements du roi et les appartements des femmes. Dans ces derniers, groupés dans la partie la plus reculée du palais, étaient logées non seulement l'épouse du roi mais nombre de concubines provenant de toutes les parties de l'empire.

La salle du trône, de soixante mètres de longueur sur cinquante-cinq de largeur, donnait sur la plus grande des cours intérieures et était

Lion écrasant un homme sous son poids. Cette statue en basalte de 2,6 mètres de longueur est toujours à sa place dans le palais principal de Nabuchodonosor. On pense qu'elle est d'origine hittite ou assyrienne et qu'elle a pu être rapportée à Babylone comme trophée de guerre.

exposée au nord pour préserver autant que possible les occupants des ardeurs du soleil. Sur la façade, de cinquante-six mètres de longueur sur douze de hauteur, Koldewey remarqua les traces d'une décoration en brique émaillée. Là encore, en procédant par déductions, il réussit à reconstituer la frise d'origine, qui représentait des animaux vivement colorés paradant sur un fond bleu sombre, rappelant ceux qui bordaient la voie processionnelle. (Avec le soutien financier du gouvernement irakien, ce palais fabuleux est aujourd'hui en grande partie reconstruit.)

Koldewey avait certes réussi à percer quelques secrets concernant la voie processionnelle, l'Esagil et la salle du trône de Nabuchodonosor, mais l'une des grandes énigmes de Babylone demeurait sans solution. C'est alors que, explorant le coin nord-est du palais, il découvrit de curieuses cellules voûtées réparties autour d'un ancien puits. Jusqu'alors aucune autre construction à voûte n'avait encore été trouvée en Mésopotamie. Dans l'esprit de Koldewey, il ne faisait guère de doute qu'il était tombé sur les légendaires jardins suspendus de Babylone.

Plusieurs voyageurs grecs, entre le IVe et le Ier siècle avant notre ère, avaient décrit ces jardins que Nabuchodonosor aurait aménanagés sur une colline artificielle en terrasses pour plaire à son épouse, originaire de Médie, qui,

dans la plaine babylonienne, se languissait de ses montagnes natales. Sur chaque terrasse, le sol épais était planté d'une profusion d'arbres, racontait-on, et certains de ces arbres atteignaient une hauteur de quinze mètres. «Un spectateur éloigné, raconte un auteur qui écrivait vers 400 av. J.-C., aurait pu prendre ces bosquets pour des bois se balançant sur les montagnes.»

Pour Koldewey, l'épaisseur inhabituelle des murs dans les quatorze pièces voûtées était un indice qu'ils étaient destinés à supporter un grand poids. Il y avait aussi dans les ruines de nombreux fragments de blocs de pierre équarris. Ce matériau était rare à Babylone, et Koldewey, ayant consulté des sources anciennes — des tablettes cunéiformes aussi bien que les récits des cinq auteurs grecs ayant décrit les jardins suspendus de Babylone —, s'aperçut que l'utilisation de la pierre équarrie dans la construction n'était mentionnée que pour deux endroits: le mur nord du Kasr, palais principal de Nabuchodonosor, et les jardins suspendus.

Par la suite, la thèse de Koldewey concernant la découverte des jardins suspendus fut contestée par d'autres archéologues. Des tablettes archivées découvertes par Koldewey dans les pièces voûtées se révélèrent être des listes de rations d'huile et d'orge, ce qui donne à penser que ces pièces n'étaient que des magasins. En outre, le site est éloigné du fleuve ou de toute autre source d'eau, à l'exception d'un puits unique, et son emplacement à l'intérieur du palais était tel que toute personne désirant les visiter eût été obligée de passer par les appartements privés du roi et de ses femmes. Selon certains chercheurs modernes, les jardins suspendus se seraient plutôt situés dans un autre endroit de Babylone où des fouilles en bordure de l'Euphrate ont révélé la présence en profondeur de drains qui auraient pu servir à irriguer les jardins.

Un point étonnant est l'absence de toute référence aux jardins suspendus dans les inscriptions babyloniennes alors que, normalement, tous les ouvrages réalisés par Nabuchodonosor sont scrupuleusement signalés. Hérodote n'en fait, lui non plus, aucune mention. Malgré un siècle de recherches, le mystère subsiste: nul ne sait où étaient ces jardins ni même s'ils ont jamais existé.

Les pièces voûtées recelaient toutefois des éléments intéressants concernant l'histoire des Hébreux, mais il fallut attendre longtemps avant de s'en apercevoir. Les tablettes trouvées par Koldewey sur ce site avaient été enregistrées, numérotées, puis expédiées à Berlin pour y être éventuellement déchiffrées. Emmagasinées dans les caves du musée, elles restèrent dans leurs emballages jusqu'en 1933, date à laquelle l'assyriologue Ernst Weidner entreprit de les traduire. Dépouiller une comptabilité pouvait paraître sans grand intérêt, mais Weidner poursuivit cette tâche ingrate et sa persévérance fut finalement récompensée quand il découvrit quatre reçus pour des fournitures de vivres destinées

Façade en brique émaillée polychrome de la salle du trône de Nabuchodonosor dont la hauteur atteint une douzaine de mètres. Il s'agit d'une reconstitution hypothétique exposée dans une galerie du Vorderasiatisches Museum de Berlin. Les lions — considérés peut-être comme symboles de la déesse Ishtar et de la royauté — sont d'origine, ainsi que quelques morceaux de la bordure. L'assemblage a été effectué en s'aidant des marques codées que les artisans de l'époque avaient portées sur les briques.

à un certain Ja-ou-kinou. Certains spécialistes pensent que la personne figurant sous ce nom n'est autre que Joachin, roi de Juda, qui, selon la Bible, avait été emmené en captivité à Babylone par Nabuchodonosor. En 1955, l'histoire prit un nouveau tour avec le déchiffrage par Donald Wiseman d'une tablette du British Museum, vieille de deux mille cinq cents ans, à laquelle personne n'avait prêté d'attention jusque-là. La tablette, provenant des archives de la maison royale babylonienne, contenait quelques phrases concernant la capture d'un roi de Juda. On y lisait: «Il [Nabuchodonosor] campa devant la ville des Judéens et la prit. Il fit prisonnier le roi.» Le roi prisonnier n'était pas nommé dans la tablette, mais certains historiens y ont vu une autre référence à Joachin.

Selon la Bible, Nabuchodonosor attaque par deux fois Jérusalem au cours de ses incessantes campagnes militaires visant à protéger les précieuses provinces de l'empire. La première fois, en 597 av. J.-C., Jérusalem est assiégée, le roi Joachin est déporté à Babylone en compagnie d'un grand nombre de Juifs, et son oncle, Sédécias, est installé sur le trône à sa place, en tant que vassal de Babylone. Le second livre des Rois déplore en ces termes les conséquences de la victoire de Nabuchodonosor: «Il déporta tout Jérusalem, tous les chefs et tous les vaillants guerriers, soit dix mille déportés, ainsi que tous les forgerons et serruriers; il ne resta que les petites gens du peuple du pays.»

Malgré ce désastre et les avertissements du prophète Jérémie qui prêchait la soumission, les Judéens restés au pays et réduits à la pauvreté se montrèrent de plus en plus virulents contre Babylone et exigèrent qu'on leur rendît tout ce qu'on leur avait pris. Finalement, nous dit la Bible, Sédécias se révolta contre le roi de Babylone. En 588, une forte armée babylonienne vint attaquer à nouveau Jérusalem qui tomba au bout d'un siège de dix-huit mois. La ville fut mise à sac et livrée aux flammes et, une fois encore, une bonne partie de sa population fut déportée à Babylone. Le grand temple de Jérusalem, construit par le roi Salomon, fut détruit et le pays devint une province babylonienne, ce qui mettait fin, après quatre siècles, au règne de la maison de David.

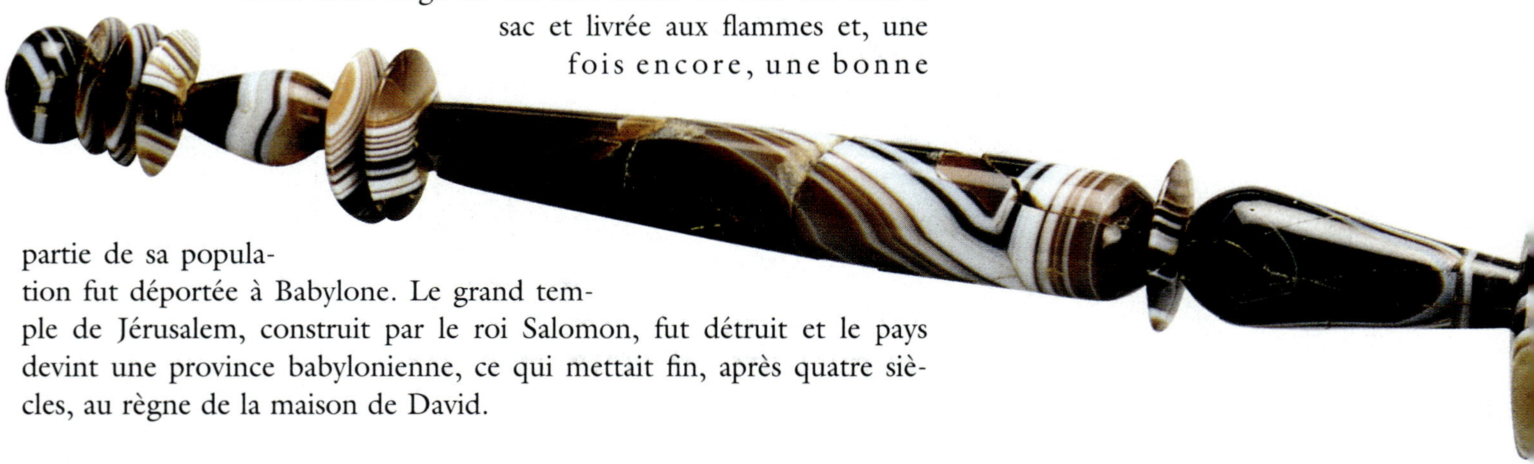

Pour les Juifs exilés à Babylone, adorateurs d'un dieu unique, tout-puissant et invisible, le culte voué par les Babyloniens à des idoles devait apparaître, ainsi que le dit la Bible, comme une «abomination». Mais, aux yeux des Babyloniens, les statues de leurs dieux, comme le montraient les solennités du Nouvel An, étaient bien plus que de simples idoles de pierre. Ils croyaient profondément que, d'une façon ou d'une autre, leurs dieux étaient réellement présents dans les statues qui avaient été sculptées pour les représenter et les honorer. On leur présentait cérémonieusement des mets de choix et on tirait des rideaux pendant qu'ils prenaient leur repas; les servants berçaient les dieux de leurs chants et de la musique de leurs instruments — flûte à bec, flûte de Pan et luth. Dans son temple, le puissant dieu Mardouk, escorté de son épouse Sarpanitoum et de ses serviteurs, était revêtu de riches parures et de pierres précieuses. Hérodote rapporte que la statue de Mardouk, haute de quatre mètres cinquante, avait été faite avec vingt-deux tonnes d'or et que les pieux Babyloniens brûlaient chaque année deux tonnes et demie de précieux encens sur son autel.

Les dieux, parfois figurés en groupes familiaux — mari, femme et enfants —, étaient légion en Mésopotamie et le devoir des hommes était de les servir. Il y avait des dieux ou des déesses pour le soleil et pour la lune, pour la fécondité et pour la guerre, des dieux qui étaient les protecteurs attitrés de diverses villes ou professions, voire des dieux personnels qui protégeaient tel ou tel individu. L'Euphrate lui-même était divinisé et cracher ou uriner dans le fleuve était un crime.

Il y avait en outre les mauvais génies, qui se cachaient, semblait-il, un peu partout. Pour les tenir à distance et éloigner les fantômes de ceux qui avaient péri de mort violente, on plaçait à côté du seuil de sa maison une figurine d'argile, souvent modelée en forme de chien de garde auquel on donnait un nom tel que «Aboie fort» ou «N'hésite pas, mords!» Diverses amulettes que l'on portait sur soi étaient utilisées dans le même but. Les Babyloniens pensaient que les mauvais génies étaient là pour tourmenter les hommes qui avaient failli à leurs devoirs religieux. Seule la pratique continuelle du culte, des rites et des sacrifices pouvait sauver l'individu des démons et la cité de l'effondrement.

Les craintes qui nourrissaient la pratique religieuse enrichissaient du même coup les mille cent soixante-dix-neuf temples de Babylone. Ces temples possédaient près de la moitié des terres du pays et entretenaient un nombreux personnel. Il y avait les scribes, dont les écrits perpétuaient des rites et des traditions remontant à Sumer, et une foule d'administrateurs qui s'occupaient de toutes les

Ce sceptre de 38 centimètres, finement tourné et poli, a été trouvé par Koldewey en 1900 dans une maison de Babylone. Sans doute était-il placé à l'origine sur un autel du dieu Mardouk. Sous l'effet de la corrosion de l'armature en bronze, le revêtement d'agate s'était fragmenté. Les conservateurs du musée ont réussi à le reconstituer, mais il n'est pas absolument certain que chacun des éléments ait été remis exactement à sa place.

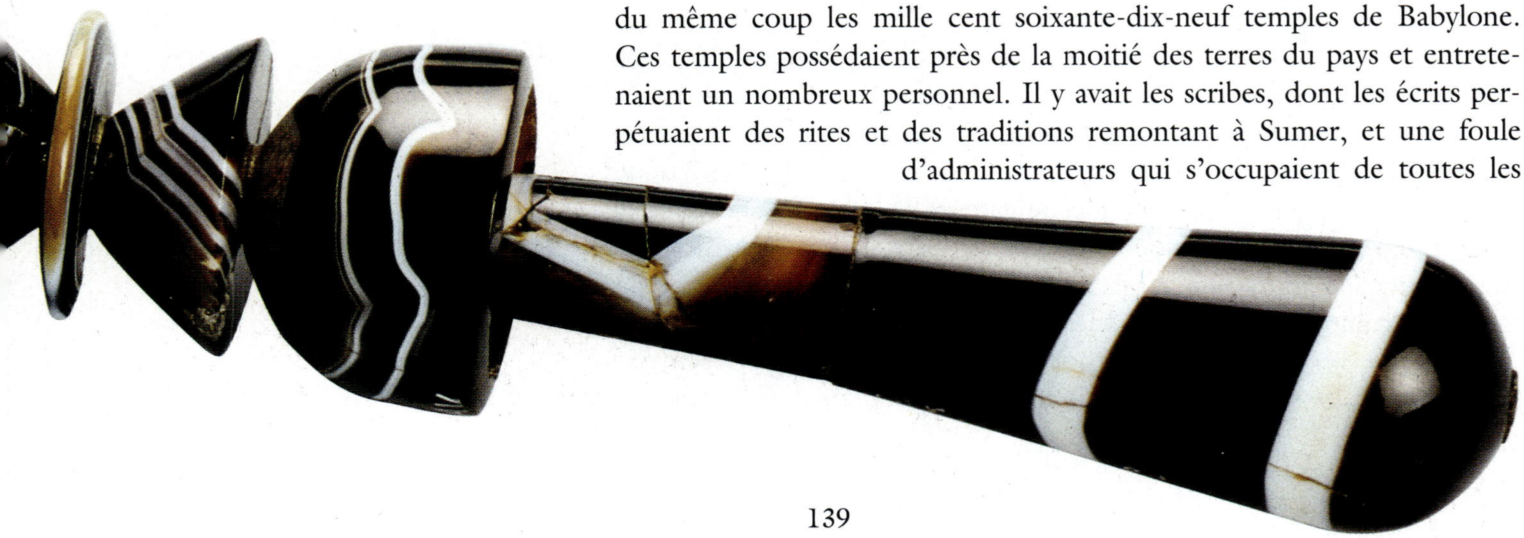

affaires relativement complexes des temples et géraient leurs terres. Les temples jouissaient d'une grande autonomie de gestion et constituaient presque un État dans l'État. Les rois chaldéens toléraient cette situation, moyennant la perception d'une redevance qui représentait vingt pour cent des revenus religieux.

Les jardins suspendus de Babylone, une des sept merveilles du monde, sont représentés sur ce dessin de Koldewey tels que, selon lui, ils apparaissaient à l'origine. En 1913, Koldewey pensait en avoir découvert le site dans les ruines de Babylone mais d'autres spécialistes situent ailleurs ces jardins de légende ou même nient carrément leur existence, arguant du fait qu'il n'en est fait aucune mention dans les textes babyloniens de l'époque.

Les terres des temples étaient cultivées par des tenanciers ou des serfs qui assuraient l'entretien des canaux d'irrigation, faisaient paître le bétail et rentraient les récoltes. Ces hommes n'étaient pas toujours très assidus à leurs tâches et un gérant se voyait ainsi admonesté: «Ne soyez pas négligent concernant votre travail et le travail de vos fermiers. Ne savez-vous pas que ces gens ont besoin qu'on les bouscule?» Un autre gérant se plaignait, lui, à son chef: «Nous n'avons pas de domestiques ici; ils sont tous partis avant le mois de *douzou*. De plus, les serviteurs du temple que vous ne cessez de m'envoyer arrivent ici sans provisions. Ils travaillent cinq jours puis disparaissent, alors que les hommes engagés au mois gagnent chacun cinq sicles d'argent par mois.» Traduisant l'irritation que les petits employés ont probablement toujours ressentie à l'égard de leurs supérieurs, il ajoutait: «Vous êtes impatient, mais je le suis tout autant, surtout que vous n'arrêtez pas de me dire: "J'arrive et je ferai moi-même le travail." Si vous y tenez, envoyez-moi un mot et je m'en irai. Vous viendrez alors et ferez vous-même le travail.»

Les problèmes de main-d'œuvre n'empêchaient cependant pas les temples de prospérer. Ils profitaient non seulement des revenus de leurs terres et des taxes qu'ils percevaient, mais aussi des riches donations dont ils étaient les bénéficiaires. À l'entrée des sanctuaires se trouvaient toujours des petits troncs dans lesquelles les fidèles déposaient des pièces d'argent, mais les dons pouvaient également se faire en nature. Les dons enregistrés dans les archives d'un temple pour une seule et même journée se montaient à soixante-dix oiseaux et canards, quarante moutons, huit agneaux, deux taureaux, un bœuf, quatre sangliers, trois œufs d'autruche, des dattes, des figues, des raisins secs et cinquante-quatre pots contenant de la bière ou du vin. Dans une missive, un fidèle priait qu'on veuille bien l'excuser de n'avoir pu faire la donation attendue: «Mon seigneur ne doit pas être fâché si les chèvres et les moutons tardent à venir. Le roi m'a pris mes fils et cela fait deux ans que je suis malade. Mon état est précaire et je ne peux me lever de mon lit.»

Les biens d'utilisation courante ne représentaient qu'une petite partie des immenses richesses qui pouvaient remplir le trésor des temples, car certains articles précieux étaient conservés pendant des milliers d'années. En témoigne un curieux incident qui se produisit lors des fouilles conduites à Our par l'archéologue britannique Leonard Woolley entre 1922 et 1934. Au début des fouilles, Woolley était tombé sur un petit temple qui datait des derniers jours de la cité mais dont les murs paraissaient beaucoup plus anciens. Soupçonnant qu'il s'agissait d'une construction reposant sur une structure antérieure, il enjoignit à ses ouvriers, simplement pour vérifier son hypothèse, de retirer du pavement une douzaine de briques. Les ouvriers locaux, à qui on avait appris qu'il ne fallait jamais ôter une brique de sa place, furent persuadés que, si Woolley se permettait ce sacrilège c'est qu'il pensait trouver de l'or enfoui sous le pavement. Au bout de quelques minutes, à la grande surprise de Woolley, un des ouvriers s'écria: «Nous avons trouvé l'or!» Sous les pavés il y avait effectivement un tas de bijoux en or comprenant des boucles d'oreilles, des perles et des pendentifs. Rien ne put convaincre les ouvriers que cette découverte était purement accidentelle. Ces objets avaient de quoi surprendre: les plus récents dataient du règne de Nabuchodonosor, mais d'autres remontaient au paléobabylonien, voire à Sargon l'Ancien, roi d'Akkad au IIIe millénaire avant notre ère.

D'après les mythes hérités de l'antique Sumer, ces dieux qu'à Babylone on traitait avec tant de déférence avaient jadis vécu sur terre avant de monter au ciel. Étant donné que ce qui se passait dans le ciel était censé

Le dieu Pazouzou, à tête de chien, jette un regard par-dessus une plaque de bronze de 13 centimètres dont la fonction est d'éloigner le démon Lamashtou. Les principales divinités babyloniennes sont représentées sur le registre du haut. Au-dessous viennent des génies protecteurs à têtes d'animaux, puis un malade qu'entourent des prêtres habillés en poissons. En bas, Pazouzou reconduit Lamashtou vers le monde souterrain. Le démon s'en prenait surtout aux femmes enceintes, aux enfants à naître et aux nouveau-nés. On s'en protégeait avec une amulette à l'effigie de Pazouzou, suspendue autour du cou.

avoir des répercussions directes sur la terre, les devins cherchaient dans les astres les signes des volontés divines. Les éclipses, la couleur des étoiles, la direction des vents pouvaient tous être porteurs de conseils quant à la politique de l'État, aux affaires privées ou à l'agriculture.

Vers le VIIIe siècle avant notre ère, des changements significatifs se produisirent: les Babyloniens qui scrutaient les cieux à la recherche de signes commencèrent à se livrer à des observations précises qu'ils couchaient par écrit, et cette pratique allait se poursuivre pendant plus de trois cent cinquante ans. Appliquant leurs connaissances mathématiques aux observations qu'ils faisaient, ils finirent par être en mesure de prévoir les éclipses de soleil ou de lune et le mouvement des planètes avec une précision qui, en Europe, ne put être égalée qu'à partir du XVIIIe siècle. Leurs études astronomiques les amenèrent également à diviser la journée en heures et, sur la base de leur système sexagésimal, c'est-à-dire fondé sur le nombre soixante, à diviser les heures en minutes et en secondes et le cercle en trois cent soixante degrés.

Dans les nombreux observatoires situés en Basse-Mésopotamie, les astronomes, qui n'utilisaient que des tubes creux pour leurs observations, divisèrent le ciel en trois secteurs, notant et nommant les étoiles qu'ils voyaient dans chacun. Ils arrivaient à calculer avec une précision remarquable les positions relatives des étoiles pendant leur déplacement à travers le ciel. Ainsi sont apparus les douze signes du zodiaque et, à partir du Ve siècle av. J.-C., les particuliers commencèrent à faire dresser leur carte du ciel personnelle, ou horoscope, tout comme le font encore, de nos jours de nombreuses personnes.

L'un des phénomènes célestes les mieux étudiés dans les observatoires babyloniens était le cycle de la lune, d'où est issu le calendrier lunaire fait de douze mois de trente jours, sur lequel se réglaient les fêtes religieuses et les travaux agricoles. Ce calendrier était très loin d'être parfait puisqu'il ne comportait que trois cent soixante jours et qu'il fallait lui ajouter de temps à autre un mois intercalaire quand le décalage des saisons devenait par trop sensible.

Chez les Grecs, qui, dès le VIe siècle av. J.-C. avaient assimilé les connaissances des astronomes babyloniens et les avaient transmises ultérieurement aux Romains, le mot «Chaldéen» était devenu synonyme d'astronome. Les Grecs avaient également intégré les travaux mathématiques des Babyloniens, motivés à l'origine par des considérations d'ordre pratique, telles que la nécessité de mesurer un terrain, de déterminer les intérêts composés d'un prêt ou les proportions des composants chimiques entrant dans la fabrication d'un produit. Par la suite, la société babylonienne devenant plus complexe, le besoin de calculs plus complexes apparut. Déjà à l'époque paléobabylonienne, les textes scolaires contenaient des tables de multiplication et de division, des tables de carrés et de racines carrées, de cubes et de racines cubiques, des tables d'inverses et pour les

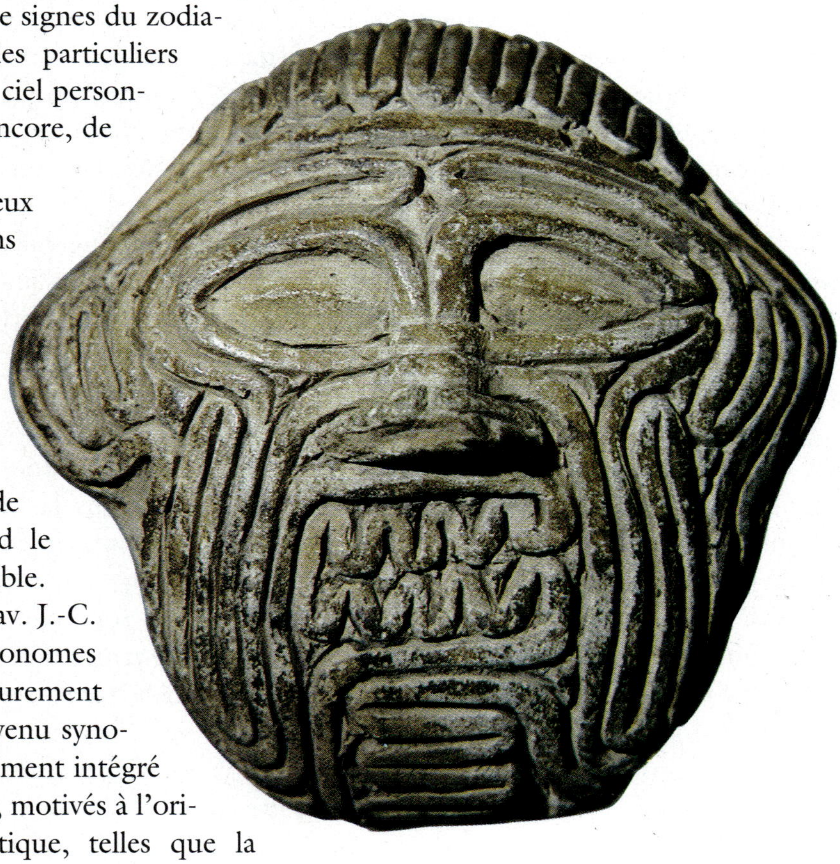

Terre cuite à l'image du démon Houmbaba. Les traits du visage sont censés évoquer les entrailles animales que consultaient les devins babyloniens pour y lire l'avenir. Au dos de l'objet, qui mesure environ 7,5 centimètres, figure une inscription inachevée: «Si les entrailles ressemblent au visage de Houmbaba...»

fonctions exponentielles, des notions de géométrie et bien d'autres concepts déjà diablement sophistiqués. Il semblerait que ces acquis aient servi de fondement aux conceptions des premiers mathématiciens grecs tels que Pythagore. La médecine fit elle aussi des progrès; des formules d'exorcisme destinées à chasser le démon qui causait la maladie et de l'application d'onguents plus nuisibles que salvateurs, on passait à une action thérapeutique utilisant des méthodes et des remèdes appropriés, anticipant ainsi les enseignements du grec Hippocrate, considéré comme le fondateur de la médecine au IVe siècle avant notre ère.

Alors même que ces sciences progressaient rapidement, des problèmes nouveaux mettaient en cause un acquis essentiel de la culture mésopotamienne: l'écriture cunéiforme. En Mésopotamie, tout ce qui avait la moindre importance était habituellement consigné par écrit — des chroniques royales aux lettres personnelles, des inscriptions aux reçus et aux textes de lois —, mais l'écriture cunéiforme, avec ses quelque six cents caractères, était d'une extrême complexité et sa maîtrise exigeait un long apprentissage.

À l'époque de Nabuchodonosor, la tradition scripturaire était déjà mise en question depuis un certain nombre d'années. Parmi les innombrables textes écrits en caractères cunéiformes découverts à Babylone, certains documents de comptabilité étaient parfois complétés par des notes rédigées non pas en akkadien, la langue habituelle, mais dans une langue toute différente, l'araméen. Cette évolution reflétait le rôle croissant que jouaient à Babylone les Araméens, anciens nomades venus des déserts de Syrie, qui parlaient un idiome sémitique. Depuis la fin du IIe millénaire, ils tenaient une place importante dans le commerce de la région, de la Méditerranée au golfe Persique, et nombre d'entre eux avaient fini par s'installer dans les plaines du sud de la Mésopotamie.

Quand ils écrivaient pour leur propre usage, les Araméens n'utilisaient pas les caractères cunéiformes mais une écriture basée sur un alphabet de vingt-deux lettres qu'ils avaient adopté vers 1100 av. J.-C. et qui avait probablement été mis au point par les Cananéens. Les Phéniciens, peuple marin, allaient répandre cette écriture dans le monde méditerranéen et notamment chez les Grecs. Contrairement aux caractères cunéiformes qu'on ne pouvait inscrire que sur l'argile humide, la nouvelle écriture pouvait s'accommoder de diverses surfaces telles que le papyrus, la cire ou l'argile. Les Babyloniens cultivés et les scribes des temples avaient longtemps résisté au changement, mais les marchands s'y adaptaient rapidement et le nouveau système d'écriture ne tarda pas à être accepté dans toutes les transactions commerciales. Apprendre le court alphabet araméen était à la portée de tout le monde, et c'est parmi

les non-lettrés qu'il allait se répandre le plus rapidement. Sa facilité d'emploi finirait par vaincre toutes les résistances et le faire adopter par tous. Ayant reconnu son utilité, les Assyriens, au VIIIe siècle, avaient conféré un statut spécial à l'araméen aussi bien comme langue parlée que comme système d'écriture. Ce dernier se répandant de plus en plus parmi les marchands, la langue elle-même allait finir par s'étendre à toutes les couches de la société et devenir la *lingua franca* du commerce international et de la diplomatie dans la région, se substituant ainsi à l'akkadien. Quelques siècles plus tard, l'araméen serait la langue maternelle de Jésus et de la plupart des habitants du Proche-Orient.

Des changements plus immédiats et plus brutaux se produisirent à la mort de Nabuchodonosor, en 562 av. J.-C. Dans les sept années qui suivirent, plusieurs rois se succédèrent sur le trône, le dernier étant Nabonide, porté au pouvoir en 555 par une révolution de palais. Cet ancien diplomate, fils d'une prêtresse de Sin, dieu de la Lune, ne cachait pas ses origines roturières. «Je suis Nabonide, qui n'a pas l'honneur d'être quelqu'un, déclare-t-il sur un cylindre d'argile; la royauté n'est pas en moi.» Pour les Babyloniens, ce n'était pas un défaut rédhibitoire, car ils estimaient, ainsi que le montre le rite du Nouvel An, que la royauté était un don des dieux et pas nécessairement un droit dont on hérite.

Sur cette stèle, Nabonide, dernier roi «autochtone» de Babylone, est figuré en relief, un immense sceptre à la main. Devant lui, les symboles de la planète Vénus, du Soleil et de la Lune figurent Ishtar, Shamash et Sin, trois divinités dont la dernière était tout spécialement vénérée par Nabonide. Une inscription annonce le retour d'une récolte abondante après une période de sécheresse.

Nabonide fut, à l'instar de Nabuchodonosor, un grand bâtisseur. Pour légitimer ses ambitions impériales, il se tourna vers les premiers temps de la grandeur de Babylone. Ses recherches incessantes d'antiquités qui lui ont valu d'être surnommé par les savants d'aujourd'hui «le royal archéologue». Il tirait fierté de son respect du passé et déclarait dans ses inscriptions qu'il avait restauré d'anciens édifices de la manière

Sur cette toile de Rembrandt, Balthasar, fils de Nabonide, est frappé de stupeur à la vue d'une main désincarnée qui trace des mots sur un mur au cours d'un festin dans son palais. Le message, annonçant la chute de Babylone aux mains des Perses, était rédigé en araméen, mais le peintre a utilisé des caractères hébraïques.

la plus scrupuleuse — «pas un doigt de plus ni de moins», assurait-il. À Our, Leonard Woolley constata que Nabonide ne s'était pas contenté de reconstruire l'ancienne ziggourat de la ville mais qu'il avait aussi remanié à l'antique certains édifices déja restaurés par Nabuchodonosor peu de temps auparavant. Il en conclut que le nouveau roi n'était pas satisfait des nouveautés apportées par son prédécesseur et qu'il voulait leur rendre leur aspect d'origine.

Les archives montrent que, chaque fois qu'il faisait reconstruire un temple, Nabonide cherchait dans ses fondations les témoignages anciens d'un passé sacré. Woolley devait également découvrir d'autres preuves de cet attachement au passé sous le pavement de la résidence de la fille de Nabonide, grande prêtresse de Sin dans le temple d'Our. Il fut étonné de découvrir en cet endroit une petite collection d'objets travaillés, antérieurs de sept à seize siècles au bâtiment lui-même. Il y avait là notamment une borne-limite kassite datant de 1400 av. J.-C. environ, un fragment de statue et une inscription votive. Woolley en vint à la conclusion que la prêtresse avait créé là son propre musée, qui avait même son catalogue sur cylindre d'argile.

Chez Nabonide, le culte du passé s'affirmait également dans le domaine des pratiques religieuses, ce qui avait d'ailleurs amené certains de ses contemporains à le considérer comme un hérétique. À l'instar de sa mère et de sa fille, il était un adorateur de Sin, dieu de la Lune et l'une des principales divinités mésopotamiennes des premiers temps, alors que l'accession de Mardouk au sommet du panthéon babylonien était beaucoup plus récente. En rendant à Sin la place qui lui revenait, selon lui, dans la hiérarchie céleste, Nabonide essayait peut-être aussi de créer une religion d'empire. Une telle religion eût peut-être constitué un ciment idéologique pour l'empire babylonien si le roi avait été mieux à même de défendre cet empire.

Sur une stèle découverte en 1956 à Harran, important centre religieux et commercial, Nabonide relate que Mardouk lui était apparu en songe, au début de son règne, et lui avait ordonné de reconstruire le temple abandonné du dieu de la Lune, Sin, à Harran. Nabonide lui avait alors objecté que cette antique cité assyrienne était désormais aux mains des Mèdes — un peuple iranien qui avait occupé la région située au nord-ouest de la Mésopotamie à la suite de la défaite qu'une coalition des Babyloniens et des Mèdes avait infligée à l'Assyrie en 612. Mais Mardouk l'avait assuré que les Mèdes ne seraient pas un obstacle. Il lui dit: «Eux et leur terre et les rois qui les soutiennent n'existent plus. Dans la troisième année à venir, je les ferai chasser par Cyrus.»

Effectivement, le prince perse Cyrus, qui deviendrait le Grand, se joignit à un groupe de soldats mécontents pour renverser son propre grand-père, Astyage, roi des Mèdes, en 550 av. J.-C., ce qui permit à Nabonide, qui était peut-être l'allié de Cyrus à l'époque, d'avoir accès à Harran et à son temple. Cyrus devint alors roi des Mèdes et des Perses,

Relief ornant un escalier du palais royal de Persépolis. Il montre des dignitaires babyloniens venus apporter un tribut symbolique à l'empereur Cyrus après la chute de Babylone, tombée sans résistance aux mains des Perses.

premier pas vers la construction d'un empire qui deviendrait, en l'espace de quelques années, le plus grand du monde antique.

Apparemment, Mardouk n'avait pas dit à Nabonide que Cyrus, après avoir d'abord annexé la Lydie et les cités grecques de la côte d'Asie Mineure, puis la Perse orientale, la Syro-Palestine, l'Arabie du Nord et finalement Babylone, finirait par contrôler tout le Proche-Orient. Pour l'instant, ravi du succès remporté par son homologue perse, Nabonide entreprit de reconstruire le temple de Sin à Harran. Il y avait sans aucun doute été encouragé par sa mère, Adad-Gouppi, prêtresse du dieu. Cette femme, qui vécut cent quatre ans, était un personnage puissant auquel deux stèles devaient rendre hommage après sa mort en présentant le récit détaillé de sa vie et de ses hauts faits. On a retrouvé ces stèles dans le temple de Sin, à Harran, à côté de deux autres stèles consacrées à Nabonide. Adad-Gouppi raconte, sur l'une de ces stèles, comment Sin lui était apparu en songe, comme Mardouk à son fils, et avait insisté pour que Nabonide reconstruisît son temple. Et elle continue ainsi: «Par amour pour moi qui lui rend un culte et qui ai touché le bas de sa robe, Sin, le roi de tous les dieux, a fait ce qu'il n'avait jamais fait jusque-là, ce qu'il n'avait jamais accordé à personne, il m'a donné (à moi, une femme) un rang élevé et un grand nom dans le pays.»

Entre-temps, les efforts de Nabonide pour se procurer de l'argent afin de reconstruire le temple de Harran, abandonné depuis plus d'un demi-siècle, déclenchèrent une rébellion à Babylone et dans d'autres villes, les prêtres refusant qu'on augmentât leurs impôts et qu'on limitât leur liberté d'action. La réaction de Nabonide, telle qu'elle est enregistrée dans les chroniques royales de Babylone, fut des plus curieuses: il confia la régence du royaume à son fils Balthasar et se retira dans le désert d'Arabie où il vécut, semble-t-il, pendant dix ans. Ce geste a été diversement interprété par les spécialistes. Selon les uns, ce sont ses ennemis qui l'auraient contraint à l'exil; selon d'autres, son séjour dans le désert était en fait une expédition militaire visant à assurer la sécurité des liaisons commerciales avec l'Arabie.

Pendant que Nabonide s'attardait dans le désert, des événements extérieurs scellaient le sort de l'Empire babylonien. En dix années de campagnes militaires, Cyrus avait donné à la Perse des territoires qui s'étendaient sur cinq mille kilomètres, de la mer Égée à l'Inde. Face à une telle puissance, Babylone n'avait aucune chance de survivre. Si l'on en croit la Bible, la chute de Babylone fut annoncée durant la régence de Balthasar *(page 146)*. Alors que le prince festoyait avec ses invités, une main humaine apparut qui écrivit sur le mur du palais *«Mené, Mené, Teqél, Oupharsin»*. En araméen, *mené* signifie «il a compté», *teqél* signifie «il a pesé»; *Oupharsin* désigne les Perses. Ce message des plus énigmatiques, délivré sous forme d'oracle, avait manifestement besoin d'être

Statuette en albâtre avec garnitures de bronze, d'or et de pierres semi-précieuses. Elle mesure environ 25 centimètres de hauteur et date du IIIe siècle avant notre ère. Le style traduit une influence grecque mais la tradition babylonienne se révèle à certains détails: le bijou dans le nombril, les boucles d'oreilles d'or ainsi que les cornes au-dessus de la tête, qui désignent peut-être une divinité.

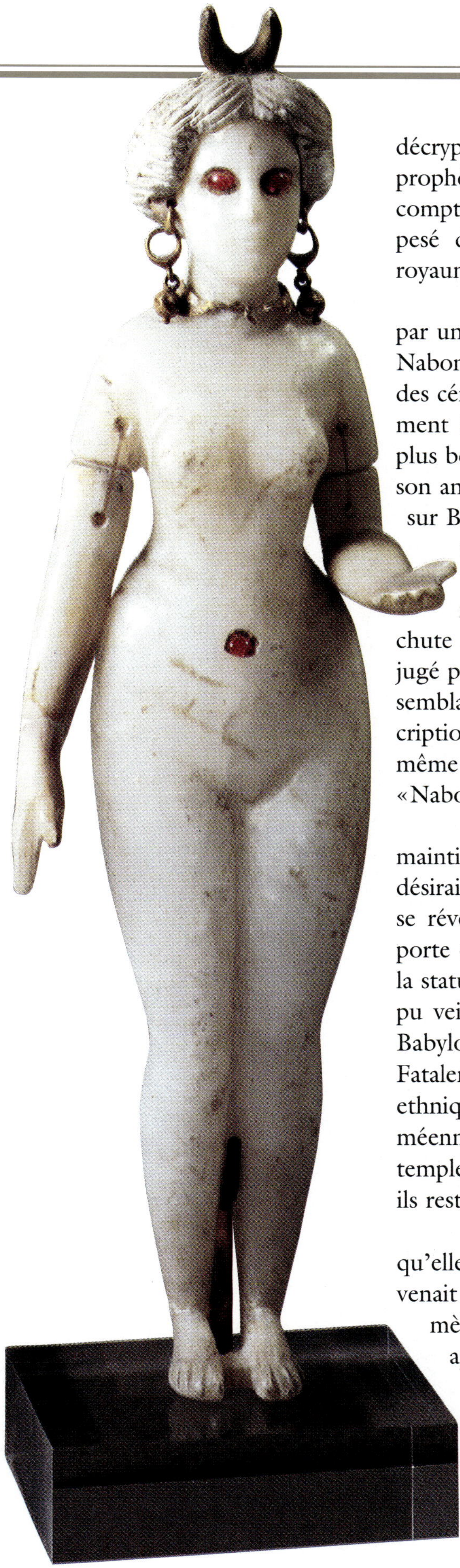

décrypté. Aucun des devins de la cour n'ayant réussi, on fit venir le prophète Daniel qui en donna la traduction suivante: *Mené:* «Dieu a compté [les jours] de ton royaume et il y a mis fin»; *Teqél:* «tu as été pesé dans la balance et trouvé insuffisant»; enfin *Oupharsin:* «ton royaume a été divisé et donné aux Mèdes et aux Perses».

Le sort de Babylone était bel et bien scellé. Ses habitants, frappés par une épidémie et victimes d'une famine, imputèrent leurs malheurs à Nabonide, à son absence de Babylone — qui avait entraîné l'annulation des cérémonies du Nouvel An depuis plusieurs années —, à son attachement à Sin et à son manque d'égards envers Mardouk. Le roi n'avait plus beaucoup d'amis. Alors, en 539 av. J.-C., Cyrus se retourna contre son ancien allié et envahit rapidement son pays. Puis le roi perse marcha sur Babylone. Les murs épais construits par Nabuchodonosor et les canaux qui entouraient la ville furent de peu d'utilité contre l'armée de Cyrus, car, en fin de compte, ce furent les difficultés intérieures, imputables aux erreurs du monarque, qui amenèrent la chute de l'empire. La population, habituée à voir chaque année le roi jugé par les dieux, fit bon accueil au Perse, à l'empereur bienveillant qui semblait avoir les faveurs du ciel. Malin, Cyrus affirmait dans une inscription cunéiforme sur un cylindre d'argile que c'était Mardouk lui-même qui lui avait ordonné de marcher sur Babylone et lui avait livré «Nabonide, le roi qui ne lui rendait pas de culte».

Cyrus se montra tolérant dans l'exercice du pouvoir à Babylone. Il maintint les pratiques religieuses locales et autorisa les Juifs exilés qui le désiraient à regagner Jérusalem. Par la suite, d'autres souverains perses se révélèrent moins bien disposés à l'égard de la ville. Hérodote rapporte qu'au Ve siècle le petit-fils de Cyrus, Xerxès, fit enlever de l'Esagil la statue en or de Mardouk. L'absence de souverains locaux, qui eussent pu veiller à l'entretien des temples, des fortifications et des canaux de Babylone eut des conséquences encore plus désastreuses pour la ville. Fatalement, les constructions commencèrent à se dégrader. L'équilibre ethnique fut modifié par l'arrivée d'immigrants perses et la langue araméenne prit une place de plus en plus importante. Malgré tout, dans les temples, les scribes tenaient bon; gardiens des anciennes connaissances, ils restaient attachés à leurs traditions et à l'écriture cunéiforme.

Babylone avait encore beaucoup d'éclat en 331 av. J.-C. lorsqu'elle tomba aux mains d'Alexandre le Grand, roi de Macédoine, qui venait de balayer la puissante armée de Darius dans la plaine de Gaugamèles, non loin d'Arbèles. De retour à Babylone, sept ans plus tard, après avoir combattu en Asie jusqu'en Inde, il conçut le projet de faire de la ville, comme de l'Alexandrie d'Égypte, une capitale de l'empire mondial qu'il avait l'ambition de fonder. Mais il mourut subitement en 323, à l'âge de trente-deux ans.

Babylone allait encore survivre quelques siècles et la Mésopotamie transmettre à d'autres civilisations un capital culturel qui n'avait cessé de grandir au fil des millénaires, depuis l'époque de Sumer. Les traces de cette culture du «pays d'entre les fleuves» apparaissent non seulement dans la Bible, mais aussi dans les mythes de la Grèce antique. On les retrouve encore dans l'art de la période hellénistique et dans des symboles religieux, tels que le croissant ou la croix de Malte, inspirés de la sculpture grecque. Certains spécialistes soutiennent que l'accent mis sur la vie urbaine, la citoyenneté, le métier, le commerce et l'instruction qui caractérise le monde islamique est hérité du passé mésopotamien, et ils relèvent de fortes ressemblances entre la législation musulmane et les lois babyloniennes et assyriennes qui l'ont précédée. Mais peut-être ne connaît-on pas encore tout l'héritage mésopotamien, nombre d'indices attendant qu'on les découvre dans des sites du Proche-Orient qui n'ont pas encore été fouillés.

La période hellénistique fut suivie d'une période de domination parthe au cours de laquelle la Mésopotamie représenta un défi à la puissance du vaste Empire romain apparu à l'ouest. Après la destruction de Jérusalem par les Romains en l'an 70 de notre ère, Babylone connut pendant un certain temps une floraison de la culture rabbinique. C'est à Babylone, en effet, que fut rédigé l'un des deux Talmuds — l'autre étant celui de Palestine — qui fournissaient un enseignement complet et les règles à suivre sur tous les points de la vie civile et religieuse des Juifs.

Mais, à la fin du IIe siècle de notre ère, Babylone fut abandonnée. La région où étaient nées la céramique, l'irrigation, la roue et l'écriture ainsi que l'idée même de cité garda son rayonnement, car la plupart de ses voisins étaient devenus des véhicules de la culture mésopotamienne; et, après le déclin de Rome au IVe siècle de notre ère, le Proche-Orient retrouva la place qu'il avait si longtemps occupée en tant que principal foyer de culture, l'Extrême-Orient mis à part. Il devait conserver cette prééminence pendant toute la sombre période du Moyen Âge en Europe et jusqu'à la Renaissance à laquelle il contribua, car lui seul avait préservé un grand nombre de textes grecs et latins sur lesquels se fondait cette renaissance.

LA GLOIRE RETROUVÉE DE BABYLONE

Huit portes s'ouvraient jadis dans la double enceinte de Babylone, chacune portant le nom d'une divinité. La plus imposante était la porte d'Ishtar, déesse de l'Amour, de la Fécondité et de la Guerre. Cette porte, utilisée lors des grandes cérémonies, par exemple celle du Nouvel An babylonien, avait été refaite trois fois par Nabuchodonosor au cours du VIe siècle, devenant chaque fois un peu plus grandiose.

Ses quatre tours recouvertes d'un émaillage polychrome tranchaient sur le fond uniforme de brique crue qui constituait le reste de la ville. Leurs murs, d'un bleu profond, étaient ornés de bas-reliefs figurant en alternance des rangées de taureaux et de dragons symbolisant deux des divinités de la ville. Le taureau *(détail ci-dessus)* représentait Adad, dieu de l'Orage, tandis que Mardouk, le dieu souverain de Babylone, était représenté par un animal hybride, des plus bizarres, doté d'une tête de serpent à cornes, d'un corps couvert d'écailles, de pattes antérieures de félin, de pattes postérieures d'aigle et d'une queue terminée par le dard d'un scorpion. Le lion, animal associé à Ishtar, ne figurait pas sur la porte mais sur les murs bordant la voie processionnelle; cent vingt lions polychromes — soixante de chaque côté de la voie — étaient figurés sur des bas-reliefs en brique émaillée.

La voie processionnelle, longue de huit cents mètres, qui conduisait du palais d'été à la porte d'Ishtar, était la principale voie d'accès de Babylone, la ville la mieux défendue du monde antique. Pour tous les grands rois qui eurent à l'emprunter — Nabuchodonosor, Darius, Xerxès, Alexandre — la porte qui se profilait tout au bout devait offrir un spectacle impressionnant.

Les archéologues allemands, arrivés à Babylone en 1899 pour y effectuer des fouilles, furent émerveillés par ce qu'ils découvraient en creusant dans les décombres de la porte d'Ishtar, au point qu'ils se jurèrent de reconstituer pièce par pièce la porte et la voie qui y menait. Trente et un ans plus tard, la porte, qui était restée enfouie sous la poussière et les décombres pendant deux millénaires, se dressait de nouveau orgueilleusement, mais, cette fois, à Berlin, bien loin de son pays d'origine.

CREUSER POUR REBÂTIR

À Babylone, dès le début des fouilles, les archéologues avaient trouvé partout des fragments de briques revêtus d'un émaillage aux couleurs vives. À mesure qu'ils dégageaient le soubassement de la porte d'Ishtar — dont la décoration, bien préservée, représentait des taureaux et des animaux à tête de serpent —, ils réalisèrent que quelques-uns des fragments émaillés qu'ils rencontraient avaient servi à la représentation d'un autre type d'animal. Il fallut une année d'un patient travail de reconstitution pour établir que ces fragments provenaient des lions qui bordaient la voie processionnelle.

En 1917, lorsque les fouilles furent arrêtées en raison de la Première Guerre mondiale, les fragments récupérés emplissaient plus de six cents boîtes entreposées à proximité du site. Ce n'est qu'en 1926 que l'autorisation fut donnée par l'Irak, alors sous mandat britannique, d'expédier l'ensemble de ces boîtes en Allemagne.

Avril 1902. Sur le chantier de fouilles de la porte d'Ishtar, des ouvriers évacuent les déblais en se servant de wagonnets. On aperçoit les restes d'une des tours de la porte — la partie de la construction qui a été dégagée en premier; le taureau représenté en bas-relief faisait partie du soubassement non émaillé.

Le soubassement de la porte d'Ishtar, dont les fondations s'enfonçaient jusqu'à une profondeur de 12 mètres environ, étaient ornées de taureaux et de dragons en brique moulée, comme le montre cette vue générale du site. Sur le côté nord de la porte — celui qui est montré ici —, neuf rangées d'animaux sont visibles, ce qui représente en tout 150 taureaux et dragons environ. La porte d'Ishtar est l'un des rares monuments de Babylone restés bien préservés.

On voit sur ce dessin que la porte d'Ishtar était en fait une double porte comportant deux portails flanqués de quatre grandes tours. Les murs des tours s'enfonçaient si profondément — au-delà du niveau de la nappe phréatique — que les fouilleurs durent renoncer à atteindre le bas.

L'ASSEMBLAGE DES PIÈCES DU PUZZLE

En 1928, à Berlin, une équipe constituée de neuf sculpteurs et mouleurs commença à reconstituer le monument édifié par Nabuchodonosor. L'entreprise était colossale : beaucoup de fragments avaient été trouvés à une bonne distance de leur emplacement d'origine, et remettre en place une pièce manquante signifiait parfois utiliser une pièce trouvée à cent mètres de toutes les autres.

Les membres de l'équipe procédèrent à un tri systématique des fragments en fonction de la couleur et des parties du corps des différents animaux. Puis ils les assemblèrent de manière à reconstituer des briques et assemblèrent les briques pour reconstituer les lions, les taureaux, les dragons et les divers motifs décoratifs qui ornaient les murs. Ce n'est que s'ils étaient convaincus qu'une brique avait définitivement disparu — e de nombreuses briques avaient ét récupérées au fil des siècles par l population locale — qu'ils la rem plaçaient par une reproduction «Nous nous considérons, disai Walter Andrae, le responsable d l'opération, comme les gardien d'un trésor historique de grand valeur qu'il nous faut traiter avec l plus grand soin. Le résultat... nou paiera de toutes nos peines.»

Des fragments de briques émaillées provenant de la porte d'Ishtar et de l voie processionnelle baignent dans quelque 200 cuves d'eau pour les lave de leurs sels. Ce n'est qu'au bout d'u an et demi qu'il fut possible de les retirer des cuves et de les protéger en le enduisant de paraffine.

Des centaines de milliers de fragments de briques émaillées sont ici laborieusement triés. «On a toujours six ou sept fragments pour reconstituer la face sculptée d'une seule brique, écrivait Walter Andrae, et pour trouver deux pièces qui correspondent il peut y avoir des centaines de possibilités à examiner.»

Dans une inscription sur une grande plaque de pierre que le musée de Berlin a reproduite ici, Nabuchodonosor déclare à propos des murs de la porte d'Ishtar: « J'ai jeté leurs fondations au niveau de la nappe phréatique avec de l'asphalte et des briques et je les ai fait construire en brique avec de la pierre bleue. J'ai placé dans les portes des taureaux sauvages et des dragons féroces et les ai ainsi somptueusement décorées afin que les hommes s'émerveillent à leur vue. »

Un maçon assemble soigneusement des briques pour reconstituer l'inscription qui figurait sur la grande plaque de pierre. Des fragments de cette plaque ont été trouvés par les archéologues à proximité de la porte d'Ishtar, mais on ignore quel était leur emplacement d'origine sur la porte.

EXPOSITION DU RÉSULTAT FINAL

Le musée de Berlin n'avait pas assez de place pour exposer tous les animaux si difficilement reconstitués à partir des fragments récupérés à Babylone. Un certain nombre d'entre eux furent cédés au Musée irakien de Bagdad et au musée des Antiquités d'Istanbul, en vertu d'accords antérieurs. D'autres furent offerts à divers musées d'Europe et des États-Unis.

Toutefois, si l'on avait réussi à reconstituer avec précision les animaux, en revanche, mis à part les fondations dégagées, on manquait d'éléments pour la reconstitution de la superstructure de la porte. On s'en remit alors à une plaque d'or rectangulaire provenant d'une tombe babylonienne qui montrait une grande porte dotée d'une ouverture en arc, de deux tours dominant les murs et d'un parapet crénelé. La découverte d'un certain nombre de briques dont plus d'une face avait été émaillée semblait confirmer cette architecture et c'est par conséquent sur cette base que fut reconstitué le parapet. La porte d'Ishtar et la voie processionnelle furent ouvertes au public en 1930. Elles ont survécu à la Seconde Guerre mondiale et on peut toujours les admirer dans une salle spécialement aménagée du Vorderasiatisches Museum de Berlin.

Maquette exposée au Vorderasiatisches Museum montrant la porte d'Ishtar, la voie processionnelle et ses murailles protectrices, le tout formant l'entrée principale de Babylone. Lors des fêtes du Nouvel An, les images des dieux étaient transportées le long de la voie processionnelle que les Babyloniens appelaient Aïbour-Shabou, ce qui veut dire: «l'ennemi ne passera pas».

Cent vingt lions montrant les dents, tels que celui-ci, ornaient les deux murs bordant la voie processionnelle et étaient vus de face par les visiteurs entrant dans Babylone par le nord. Chacun de ces animaux, de 2 mètres de longueur, était constitué de 46 briques réparties sur 11 couches.

Reconstitution de la porte d'Ishtar, telle qu'on peut la voir dans la galerie n° 9 du Vorderasiatisches Museum, avec ses rangées de taureaux et de et à l'intérieur de l'ouverture en arc. Les murs extérieurs reconstitués ont ici une hauteur de 14 mètres, mais on pense que la construction d'origine

ENTRE LES FLEUVES, UNE HISTOIRE COMMUNE

Les plaines fertiles qui s'étendent entre le Tigre et l'Euphrate ont vu naître la civilisation sumérienne. C'est là, vers 3500 av. J.-C., que les premières villes sont apparues et, avec elles, une culture caractérisée par l'écriture, le travail du bronze et l'utilisation de la roue. En grandissant, ces villes devinrent de petites cités-États entre lesquelles s'établirent des liens commerciaux et culturels. Chaque ville était dominée par le temple de son dieu tutélaire et était entourée d'un réseau de canaux qui irriguaient les terres desséchées.

L'eau et les terres étaient toutefois des sources perpétuelles de conflit parmi la douzaine de cités-États en pleine croissance que comptait alors Sumer, et des affrontements répétés allaient occuper une partie du IIIe millénaire. C'est seulement après l'unification de toute la région en 2370 av. J.-C. sous la férule de Sargon l'Ancien, roi d'Akkad, que les querelles s'apaisèrent. Mais l'empire de Sargon — le premier de l'histoire — fut de courte durée. Miné par des soulèvements à l'intérieur et en butte aux attaques d'ennemis extérieurs, l'empire s'effondra moins de deux cents ans plus tard. En 2125, la ville d'Our s'imposa aux autres cités-États, et Sumer connut un renouveau, marqué par une floraison artistique et littéraire et par de gigantesques travaux de construction.

Vers 2000 av. J.-C., Our succomba à son tour à une invasion et la civilisation sumérienne commença à décliner. Mais ses principaux acquis — l'agriculture, le commerce et l'écriture — subsistèrent, et, au cours des siècles suivants, deux grandes puissances, revendiquant l'héritage sumérien, apparurent en Mésopotamie : l'Assyrie et Babylone.

PALÉOBABYLONIEN ET PALÉOASSYRIEN 2000-1600 av. J.-C.

STATUETTE EN BRONZE

Avec la fin de la suprématie d'Our, d'autres villes de Mésopotamie acquièrent de l'importance et la région devient une mosaïque de petits royaumes. Les villes les plus importantes sont Isin et Larsa au sud, Assour et Mari au nord. Toutefois, depuis la fin du IIIe millénaire, les Amorrites, peuple sémitique nomade, s'infiltrent dans la région. Ils assimilent rapidement la culture locale et parviennent à de hautes positions. Ainsi Shamshi-Adad Ier, roi d'origine amorrite, unit Assour et Mari et crée dans le nord de la Mésopotamie un empire qui entretient un commerce actif avec l'Anatolie.

En Basse-Mésopotamie, des souverains amorrites font de Babylone la rivale d'Isin et de Larsa. Onze rois composent la première dynastie de Babylone, mais l'histoire a surtout retenu le nom du sixième, Hammourabi, le roi guerrier et législateur du XVIIIe siècle avant notre ère. Par la diplomatie ou par la guerre, Hammourabi étend son pouvoir à une grande partie de la Mésopotamie. Ses successeurs cependant n'auront pas sa stature et ne sauront pas faire fructifier son riche héritage. En 1721, l'empire s'est réduit au territoire d'origine entourant Babylone et, vers 1595, les Hittites venus d'Anatolie descendent l'Euphrate et s'emparent de la ville.

LA PÉRIODE MÉSOASSYRIENNE 1600-1000 av. J.-C.

AUTEL ASSYRIEN

Les Hittites s'en vont de Babylone aussi vite qu'ils sont venus, mais leur raid marque le début d'une période obscure qui va durer plusieurs siècles. Des peuples qui jusque-là ne jouaient qu'un rôle secondaire dans l'histoire profitent de ce vide du pouvoir pour constituer de nouveaux royaumes. Les Kassites, dont l'origine est incertaine, règnent sur Babylone pendant quatre siècles sans laisser beaucoup de traces. Ils adoptent la langue, la religion et les coutumes des Babyloniens mais sont toujours considérés comme des étrangers. Dans le nord de la Mésopotamie et en Syrie, des peuples de langue hourrite s'unissent en un vaste empire appelé Mitanni. Au XIVe siècle, le Mitanni ayant été défait par les Hittites, le roi assyrien Assour-ouballith réaffirme l'indépendance de son pays et prépare la suprématie assyrienne dans la région.

Parmi les grands rois assyriens du XIIIe siècle, citons Toukoulti-Ninourta Ier, qui est devenu maître de Babylone. C'est le début d'une relation ambiguë entre les deux pays voisins, l'Assyrie dominant militairement le sud et Babylone étendant son influence culturelle au nord. Un siècle plus tard, le règne de Teglat-Phalasar Ier marque une étape glorieuse dans l'histoire de l'Assyrie. Ce souverain énergique et doué assure les frontières du pays et étend le rayonnement de l'Assyrie jusqu'au Liban actuel. Cependant, après sa mort, les provinces occidentales de l'empire sont de plus en plus soumises au harcèlement des tribus araméennes, et l'Assyrie entre dans une période d'incertitude et de déclin.

LA PÉRIODE NÉOASSYRIENNE 1000-605 av. J.-C.

BAS-RELIEF DE NINIVE

Vers la fin du Xe siècle av. J.-C., l'Assyrie s'est ressaisie. Elle se débarrasse de ses adversaires, reprend les territoires perdus et, sous le règne d'Assournazirpal II (883-859 av. J.-C.), redevient la grande puissance de la Haute-Mésopotamie. Les successeurs d'Assournazirpal continuent dans la même voie, terrorisant les pays voisins par leur politique de conquêtes, de pillages et de déportations massives des peuples vaincus. Les territoires occupés sont complètement intégrés dans l'empire.

Disposant d'une armée trempée par les combats incessants, les souverains assyriens d'une époque plus tardive, tels Sargon II, Sennachérib et Assarhaddon, étendent encore l'hégémonie de l'Assyrie et, sous le règne d'Assourbanipal (668-627 av. J.-C.), l'Empire assyrien semble invincible. Babylone a été abaissée, la Palestine et la Syrie ont été conquises et l'Égypte est vaincue. Mais l'Assyrie a présumé de ses forces. Des révoltes continuelles dans les provinces l'ont affaiblie, et, lorsque des usurpateurs chaldéens s'emparent du trône de Babylone, en 625 av. J.-C., les Assyriens sont incapables de les en empêcher. La fin est proche. En 614 av. J.-C., les Mèdes, venus du plateau iranien, mettent à sac Nimroud et Assour et, deux ans plus tard, Mèdes et Babyloniens coalisés s'emparent de Ninive. En 605 av. J.-C., le prince héritier de Babylonie, Nabuchodonosor, défait les restes de l'armée assyrienne et ses alliés égyptiens à Karkemish. L'Empire assyrien n'est plus et ne revivra plus jamais.

LA PÉRIODE NÉOBABYLONIENNE 605-539 av. J.-C.

LE DÉMON HOUMBABA

Nabuchodonosor II va régner quarante-trois ans. Sous son règne, Babylone va connaître une glorieuse renaissance. Après la chute de Ninive, les Mèdes se sont retirés derrière la chaîne du Zagros, laissant les souverains chaldéens de Babylone seuls maîtres de la Mésopotamie. Nabuchonosor s'empare des anciennes provinces assyriennes de Syrie et de Palestine, il met à sac Jérusalem, emmène les Juifs en captivité et se lance dans un vaste programme de construction dans le sud du pays. Reconstruite et agrandie, Babylone, la capitale, devient le foyer d'un renouveau architectural et scientifique. À l'Empire assyrien succède l'Empire chaldéen.

La renaissance de Babylone sera brève, comme l'avait été autrefois sa gloire sous Hammourabi. En 562 av. J.-C., à la mort de Nabuchodonosor, s'ouvre une période crépusculaire au cours de laquelle des souverains velléitaires se montrent incapables de résister à une nouvelle menace apparue à l'est. Il s'agit des Perses, qui, après avoir vaincu les Mèdes, approchent de Babylone. La catastrophe est imminente. En 539 av. J.-C., Cyrus le Grand, roi des Perses, arrive aux portes de la plus belle ville du monde. Après une courte bataille, il entre avec son armée dans Babylone qui ne sera plus jamais un royaume indépendant.

LA PÉRIODE PERSE ET HELLÉNISTIQUE 539-126 av. J.-C.

CORNE À BOIRE PERSE

Contrairement à d'autres conquérants étrangers, les Perses n'étaient pas venus à Babylone pour instaurer une nouvelle dynastie. Cyrus était certes respectueux des traditions locales, mais d'autres forces étaient à l'œuvre au Proche-Orient. La Babylonie et l'Assyrie, toujours en ruine, prirent place à l'intérieur de l'Empire perse où ils constituèrent la neuvième satrapie (division administrative). Babylone devenait un simple chef-lieu de province.

Ses perspectives s'améliorèrent avec l'arrivée d'Alexandre le Grand, entré dans la ville en 331 av. J.-C. à la poursuite des Perses en déroute. Accueilli en libérateur par les Babyloniens, le roi de Macédoine poursuivit sa route vers l'est jusqu'au Gange avant de revenir dans cette ville dont il entendait faire sa capitale. Babylone semblait près de retrouver sa grandeur passée, mais ses espoirs s'évanouirent quand Alexandre y mourut de maladie en 323.

Les généraux d'Alexandre se disputèrent un temps sa succession, et c'est à l'un d'eux, Séleucos, chef de la cavalerie macédonienne, qu'échurent finalement la Babylonie et les provinces d'Asie. Ses descendants, les Séleucides, fondèrent de nouvelles cités, et leur langue, le grec, devint la langue véhiculaire dans la région. La ville de Nabuchodonosor, jadis si puissante, perdit peu à peu de son importance et Babylone finit par succomber à une dernière invasion, celle de la poussière et des sables des déserts voisins.

REMERCIEMENTS

Les éditeurs remercient les personnes et les organismes suivants pour l'aide qu'ils ont apportée à l'élaboration de ce livre:

Ernest Walter Andrae, Bad Liebenzell; Rainer Michael Boehmer, Deutsches Archäologisches Institut, Berlin; John A. Brinkman, Oriental Institute, Chicago; Dominique Collon, British Museum, Londres; Elizabeth Fontan, conservateur en chef, département des Antiquités, musée du Louvre, Paris; Brigitte Gaspar, Staatliche Museen zu Berlin-Preussischer Kulturbesitz, Vorderasiatisches Museum, Berlin; A. Invernizzi, Centro Ricerche Archeologiche e Scavi, Turin; Heidrun Klein, Bildarchiv Preussischer Kulturbesitz, Berlin; Evelyn Klengel-Brandt, Staatliche Museen zu Berlin-Preussischer Kulturbesitz, Vorderasiatisches Museum, Berlin; Kai Kohlmeyer, Staatliche Museen zu Berlin-Preussischer Kulturbesitz Museum für Vor-und Frühgeschichte, Berlin; Jean-Claude Margueron, Paris; Joachim Marzahn, Staatliche Museen zu Berlin-Preussischer Kulturbesitz, Vorderasiatisches Museum, Berlin; Hans Nissen, Seminar für Vorderasiatische Altertumskunde, Freie Universität, Berlin; Joan Oates, Cambridge, Angleterre; Françoise Quersonnier, Lafarge-Coppée, Paris; Julian Reade, British Museum, Londres; Denise Schmandt-Besserat, Austin, Texas; Hansjörg Schmid, Freie Universität, Berlin; Henry Carter Shaffer, Boston College, Massachusetts; David Stronach, université de Californie, Berkeley; Geneviève Teissier, département des Antiquités orientales, musée du Louvre, Paris; Steve Tinney, université de Pennsylvanie, Philadelphie; David Ussishkin, université de Tel Aviv, Tel Aviv.

SOURCES DES ILLUSTRATIONS

Les sources des illustrations sont séparées de gauche à droite par des points-virgules, et de haut en bas par des tirets.

Couverture: © The British Museum, Londres. Arrière-plan Giraudon/British Museum/Art Resource, New York. Pages de garde: Malcolm Chandler. 6: Bildarchiv Claus Hansmann/Musée du Louvre, Paris. 8: Hubert Josse, Paris. 10: Mission archéologique de Mari. 12, 13: Royal Ontario Museum; extrait de *Reading the Past: Cuneiform,* de C. B. F. Walker, University of California Press/British Museum — photo Avraham Hay/autorisation du Bible Lands Museum, Jérusalem. Arrière-plan Gianni Dagli Orti, Paris. 15: Giraudon/Art Resource, New York. 16: Photo © Michael Holford/The British Museum, Londres-Ashmolean Museum, Oxford. 17: © The British Museum, Londres. 19: The Metropolitan Museum of Art, Fletcher Fund, 1947, accession n° 47.la-n. 20: Photo R.M.N., Paris. 24: The Oriental Institute of The University of Chicago — Dr. A. John Gwinnett, SUNY, Stony Brook (2) — The Metropolitan Museum of Art, Rogers Fund, 1931, nég. n° 88067. 25: Robertson Photo/Bible Lands Museum Jerusalem Collection; photo Avraham Hay/Bible Lands Museum Jerusalem Collection — Centro Ricerche Archeologiche e Scavi di Torino per il Medio Oriente e l'Asia, Turin (3). 26, 27: Photo R.M.N., Paris. 29: Lauros-Giraudon, Paris. 31: Reproduit avec l'accord des curateurs, National Gallery, Londres. 32: The Oriental Institute of The University of Chicago. 34: Friedrich-Schiller Universität Jena, Hilprecht-Sammlung, photo de Günther Schölitz. 35: Copyright 1992/Comstock. 37: Hubert Josse, Paris. 39: The British Library, Londres. 40, 41: Joachim Blauel-Artothek, Alte Pinakothek, Munich — © Nik Wheeler; collection privée. 42, 43: © The British Museum, Londres; Dr. James A. Armstrong. 44, 45: Dr. Georg Gerster; Staatliche Museen zu Berlin-Preussischer Kulturbesitz, autorisation Ernst Walter Andrae, Vorderasiatisches Museum, photo de Reinhard Saczewski — Staatliche Museen zu Berlin-Preussischer Kulturbesitz, Vorderasiatisches Museum, autorisation Ernst Walter Andrae. 46: © Joan Oates, Cambridge, Angleterre. 49: Staatliche Museen zu Berlin-Preussischer Kulturbesitz, Vorderasiatisches Museum, photo de Jürgen Liepe. 52, 53: Harvey Weiss. 54, 55: © Joan Oates, Cambridge, Angleterre. 56: The Metropolitan Museum of Art, acquisition 1948, Joseph Pulitzer Bequest, accession n° 48.180. 58: Semitic Museum. 60: Dr. Leonard Gorelick. 63: Staatliche Museen zu Berlin-Preussischer Kulturbesitz, Vorderasiatisches Museum, photo de Jürgen Liepe. 64, 65: Autorisation Ernst Walter Andrae; extrait de *Das Wiedererstandene Assur de Verlag* C. H. Beck, Munich, Vorderasiatisches Museum, Berlin, autorisation Ernst Walter Andrae (2) — Erwin Böhm, Mayence, Allemagne. 67: Staatliche Museen zu Berlin-Preussischer Kulturbesitz, Vorderasiatisches Museum, photo de Jürgen Liepe. 68: Philippe Maillard. 71-77: Arrière-plan Mike Pattisall. 71: Eric Lessing. 72, 73: Tel Aviv University Institute of Archeology/dessins de Judith Dekel — photo de Avraham Hay/Tel Aviv University Institute of Archeology — © The British Museum, Londres; autorisation David Ussishkin/photo de Avraham Hay/Tel Aviv University Institute of Archeology. 74: Tel Aviv University Institute of Archeology/dessins de Judith Dekel — photo de Avraham Hay/Tel Aviv University Institute of Archeology. 75: Eric Lessing. 76, 77: Israel Antiquities Authority/Israel Museum; photo de Avraham Hay/Tel Aviv University Institute of Archeology — Tel Aviv University Institute of Archeology/dessins de Judith Dekel; Eric Lessing. 78: Bill Lyons Photography. 82, 83: © Barry Iverson (2) — Bill Lyons Photography (3). 83-84: Arrière-plan © Barry Iverson. 84: Bill Lyons Photography. 87: © Christie's Images, Londres. 89-90: Jean-Loup Charmet, Paris. 91-95: The British Museum, Londres. 96, 97: Gianni Dagli Orti, Paris. 98, 99: Gianni Dagli Orti, Paris; Centro Ricerche Archeologiche e Scavi di Torino per il Medio Oriente e l'Asia, Turin (2); photo Michael Holford, Londres/The British Museum; The Metropolitan Museum of Art, Rogers Fund, 1960, accession n°. 60.145.11. 100: Lotos Film, Eberhard Thiem, The British Museum, Londres. 103: © The British Museum, Londres. 105: Gianni Dagli Orti, Paris. 106, 107: Deutsches Archäologisches Institut, Abteilung, Baghdad/autorisation Ernst Walter Andrae; photo de Hans-Dietrich Beyer, extrait de Der Tag, n° 297, Berlin, septembre 1908. 108-110: Photo © Michael Holford/The British Museum, Londres. 112-121: Arrière-plan John Drummond. 112: The Oriental Institute of The University of Chicago. 113: Cabinet d'assyriologie, Collège de France, Paris. 114, 115: © The British Museum, Londres. 116: Gianni Dagli Orti, Paris — autorisation du conseil d'administration du Victoria and Albert Museum, Londres. 117: Gianni Dagli Orti, Paris — The Illustrated London News Picture Library, Londres. 118: The Oriental Institute of The University of Chicago. 119: A. Wolf, Paris. 120: Michel Chassat/ Louvre, Paris. 121: Photo R.M.N., Paris/Caroline Rose. 122: Photo R.M.N., Paris. 125: Staatliche Museen zu Berlin-Preussischer Kulturbesitz, Vorderasiatisches Museum, photo de Jürgen Liepe. 126: Deutsche Orient-Gesellschaft, reprophotographie de Hans-Dietrich Beyer. 127: Deutsche Orient-Gesellschaft, reprophotographie de Hans-Dietrich Beyer, autorisation Ernst Walter Andrae. 128, 129: Comstock Inc./Georg Gerster. 131: © Joan Oates, Cambridge, Angleterre. 132: Photo © Michael Holford/The British Museum, Londres. 133: Staatliche Museen zu Berlin-Preussischer Kulturbesitz, Vorderasiatisches Museum, photo de Jürgen Liepe. 135: Erwin Böhm, Mayence, Allemagne. 137-139: Staatliche Museen zu Berlin-Preussischer Kulturbesitz, Vorderasiatisches Museum, photo de Jürgen Liepe. 140: Peter Clayton, Hemel Hempstead, Hertfordshire, Angleterre. 142: Photo R.M.N., Paris/H. Lewandowski. 143: The Art and Architecture Collection, Harrow, Middlesex, Angleterre. 145: © The British Museum, Londres. 146: Reproduit avec l'accord des curateurs, The National Gallery, Londres. 147: The Oriental Institute of The University of Chicago. 149: Photo R.M.N., Paris/P. H. Bernard. 151: Bildarchiv Claus Hansmann/Iraq Museum, Bagdad. 152, 153: Staatliche Museen zu Berlin-Preussischer Kulturbesitz, Vorderasiatisches Museum, photo de Jürgen Liepe — Staatliche Museen zu Berlin-Preussischer Kulturbesitz, Vorderasiatisches Museum, Berlin; Staatliche Museen zu Berlin-Preussischer Kulturbesitz, Vorderasiatisches Museum, Berlin, photo de Jürgen Liepe, autorisation Ernst Walter Andrae. 154: Staatliche Museen zu Berlin-Preussischer Kulturbesitz, Vorderasiatisches Museum. 155: Staatliche Museen zu Berlin-Preussischer Kulturbesitz, Vorderasiatisches Museum, photo de Jürgen Liepe. 156: Bildarchiv Preussischer Kulturbesitz — Bildarchiv Klaus Hansmann, Staatliches Museum Agyptischer Kunst, Munich. 157: Bildarchiv Preussischer Kulturbesitz, Berlin. 158, 159: Illustrations de Paul Breeden.

BIBLIOGRAPHIE

LIVRES

Albright, William Foxwell. The Biblical Period from Abraham to Ezra. New York: Harper & Row, 1963.

Amiet, Pierre. *L'art antique du Proche-Orient.* Paris: Mazenod, 1977.

Andrae, E. W., et R. M. Boehmer. *Sketches by an Excavator.* Berlin: Gebr. Mann Verlag, 1992.

Black, Jeremy, et Anthony Green. *Gods, Demons and Symbols of Ancient Mesopotamia.* Austin: University of Texas Press, 1992.

Campbell, Joseph. *The Mythic Image.* Princeton: Princeton University Press, 1974.

Caygill, Marjorie. *Treasures of the British Museum.* New York: Harry N. Abrams, 1985.

Ceram, C. W. (sous la dir. de). *Le passé entre vos mains.* Paris: Plon, 1967.

Chiera, Edward. *They Wrote on Clay: The Babylonian Tablets Speak Today.* Chicago: University of Chicago Press, 1966.

Clayton, Peter A., et Martin J. Price. *The Seven Wonders of the Ancient World.* Londres: Routledge, 1988.

Collon, Dominique:

First Impressions: Cylinder Seals in the Ancient Near East. Chicago: University of Chicago Press, 1987.

Interpreting the Past. Londres: British Museum Publications, 1990.

Contenau, Georges. *La civilisation des Hittites et des Hurrites du Mitanni.* Paris: Aujourd'hui, 1983.

Crawford, Vaughn E., Prudence O. Harper,et Holly Pittman. *Assyrian Reliefs and Ivories in the Metropolitan Museum of Art: Palace Reliefs of Ashurnasirpal II and Ivory Carvings from Nimrud.* New York: The Metropolitan Museum of Art, 1980.

Curtis, John (sous la dir. de). *Fifty Years of Mesopotamian Discovery: The Work of the British School of Archaeology in Iraq,* 1932-1982. Londres: The British School of Archaeology in Iraq , 1982.

Davidson, Marshall B. (sous la dir. de). *The Horizon Book of Lost Worlds.* New York: American Heritage, 1962.

Deuel, Leo (sous la dir. de). *The Treasures of Time.* Londres: Souvenir Press, 1962.

Fagan, Brian M. *Return to Babylon.* Boston: Little Brown, 1979.

Farkas, Ann E., Prudence O. Harper, et Evelyn B. Harrison (sous la dir. de). *Monsters and Demons in the Ancient and Medieval Worlds.* Mayence: Philipp von Zabern, 1987.

Finegan, Jack. *Archaeological History of the Ancient Middle East.* New York: Dorset Press, 1979.

Finkel, Irving L. «The Hanging Gardens of Babylon.» In *The Seven Wonders of the Ancient World,* édité par Peter A. Clayton et Martin J. Price. New York: Dorset Press, 1989.

Frankfort, Henri. *The Art and Architecture of the Ancient Orient.* Londres: Penguin Books, 1970.

Freedman, David Noel (sous la dir. de). *The Anchor Bible Dictionary* (vol. 1). New York: Doubleday, 1992.

Gray, John. *Near Eastern Mythology.* New York: Peter Bedrick, 1985.

Hackett, John (sous la dir. de). *Warfare in the Ancient World.* New York: Facts on File, 1990.

Hawkes, Jacquetta (sous la dir. de). *The World of the Past.* New York: Alfred A. Knopf, 1963.

Jacobsen, Thorkild. *The Harps That Once .... Sumerian Poetry in Translation.* New Haven: Yale University Press, 1987.

Jakob-Rost, Liane, et. al. *The Museum of the Near East* (Musée national de Berlin). Mayence: Philipp von Zabern, 1992.

Keller, Werner. *The Bible As History.* Trad. de William Neil. New York: William Morrow, 1981.

Klengel-Brandt, Evelyn. *Der Turm von Babylon: Legende Und Geschichte Eines Bauwerkes.* Berlin: Koehler & Amelang, 1982.

Koldewey, Robert. *The Excavations at Babylon.* Trad. de Agnes S. Johns. Londres: Macmillan, 1914.

Kramer, Samuel Noah, et les rédacteurs des Éditions Time-Life. *Le berceau de la civilisation* (coll. Les grandes époques de l'homme). Amsterdam: Éditions Time-Life, 1968.

Larsen, Mogens Trolle (sous la dir. de). *Mesopotamia: Copenhagen Studies in Assyriology* (vol. 7). Copenhague: Akademisk Forlag, 1979.

Lee, Sidney (sous la dir. de). *Dictionary of National Biography* (vol. 48). Londres: Smith, Elder, 1896.

Lloyd, Seton:

The Archaeology of Mesopotamia. Londres: Thames and Hudson, 1978.

Foundations in the Dust: The Story of Mesopotamian Exploration. Londres: Thames and Hudson, 1980.

McCall, Henrietta. *Mesopotamian Myths.* Austin: University of Texas Press and British Museum Publications, 1990.

McKenzie, John L., *Dictionary of the Bible.* Milwaukee: The Bruce Publishing Co., 1965.

Magnusson, Magnus. *BC: The Archaeology of the Bible Lands.* Londres: Bodley Head and British Broadcasting Corp., 1977.

Mallowan, *Max. Mallowan's Memoirs.* Londres: Collins, 1977.

Marzahn, Joachim. *The Ishtar Gate: The Processional Way/The New Year Festival of Babylon.* Trad. de Biri Fay et Robert K. Englund. Mayence: Philipp von Zabern, 1992.

Merhav, Rivka (édit.). *Treasures of the Bible Lands: The Elie Borowski Collection.* Tel Aviv: Tel Aviv Museum and Modan Publishers, 1987.

Millard, Alan. *Treasures from Bible Times.* Tring, Hertfordshire, Angleterre: Lion Publishing, 1985.

Moorey, P. R. S.:

Ancient Iraq. Oxford: The Ashmolean Museum, 1976.

Ur *'of the Chaldees'.* Ithaca, N.Y.: Cornell University Press, 1982.

Moortgat, Anton. *The Art of Ancient Mesopotamia: The Classical Art of the Near East.* Londres: Phaidon, 1969.

Muscarella, Oscar White (édit.). *Ladders to Heaven: Art Treasures from Lands of the Bible.* Toronto: McClelland and Stewart, 1981.

Nissen, Hans J., Peter Damerow, et Robert K. Englund. *Archaic Bookkeeping.* Trad. de Paul Larsen. Chicago: University of Chicago Press, 1993.

Oates, Joan. *Babylon.* Londres: Thames and Hudson, 1986.

O'Neill, John P. (édit.). *Egypt and the Ancient Near East.* New York: The Metropolitan Museum of Art, 1987.

Oppenheim, A. Leo. *Ancient Mesopotamia: Portrait of a Dead Civilization.* Chicago: University of Chicago Press, 1977.

Oppenheim, A. Leo (trad.).

Letters From Mesopotamia. Chicago: University of Chicago Press, 1967.
Parrot, André:
Assur (coll. Univers des formes) Paris: Gallimard, 1961.
Babylone et l'ancien Testament. Lausanne: Delachaux et Niestlé, 1958.
Découverte des mondes ensevelis. Lausanne: Delachaux et Niestlé, 1955.
Mari., une ville perdue. Paris: Albin Michel, 1960.
Ninive et l'ancien Testament. Lausanne: Delachaux et Niesté, 1955.
Bible et archéologie. La Tour de Babel. Genève: Labor Fides, 1970.
Ziggurats et Tour de Babel. Paris: Albin Michel, 1949.
Les peuples conquérants 1500-600 av. J.-C. (coll. Time-Life Histoire du monde). Amsterdam: Éditions Time-Life, 1987.
Postgate, J. N. *Early Mesopotamia: Society and Economy at the Dawn of History.* Londres: Routledge, 1992.
Postgate, Nicholas. *The First Empires.* Oxford: Elsevier Phaidon, 1977.
Les premières civilisations 3000-1500 av. J.-C. (coll. Time-Life Histoire du monde). Amsterdam: Éditions Time-Life, 1987.
Pritchard, James B. *The Ancient Near East in Pictures Relating to the Old Testament.* Princeton: Princeton University Press, 1954.
Pritchard, James B. (sous la dir. de):
The Ancient Near East: An Anthology of Texts and Pictures (vol. 1 et 2). Princeton: Princeton University Press, 1973.
Ancient Near Eastern Texts Relating to the Old Testament. Princeton: Princeton University Press, 1969.
The Harper Atlas of the Bible. New York: Harper & Row, 1987.
Quarantelli, Ezio (édit.). *The Land between Two Rivers.* Trad de Juliet Haydock et Michael Binns. Turin: Il Quadrante Edizioni, 1985.
Reade, Julian. *Assyrian Sculpture.* Cambridge: Harvard University Press, 1983.
Roaf, Michael. *Mesopotamia and the Ancient Near East.* Alexandria, Va.: Stonehenge Press, 1990.
Roux, Georges. *Ancient Iraq.* Londres: Penguin Books, 1992.
Russell, John Malcolm. *Sennacherib's Palace without Rival at Nineveh.* Chicago: University of Chicago Press, 1992.
Saggs, H. W. F.:
Civilization before Greece and Rome. New Haven: Yale University Press, 1989.
Everyday Life in Babylonia & Assyria. New York: G. P. Putnam's, 1965.
The Greatness That Was Babylon: A Survey of the Ancient Civilization of the Tigris-Euphrates Valley. New York: Hawthorn, 1962.
The Might That Was Assyria. New York: St. Martin's Press, 1984.
Scarre, Chris. *Smithsonian Timelines of the Ancient World.* Londres: Dorling-Kindersley, 1993.
Schmandt-Besserat, Denise. *Before Writing: From Counting to Cuneiform* (vol. 1). Austin: University of Texas Press, 1992.
Sievernich, Gereon, et Hendrik Budde. *Europe and the Orient, 800-1900.* Munich: Bertelsmann Lexicon Verlag, 1989.
Speiser, E. A. (trad.). The *Anchor Bible: Genesis.* Garden City: Doubleday, 1982.
Stone, Elizabeth. «Urban Density and Layout.» *In The Ancient Near East,* édit. par J. Sasson. New York: Scribners, sous presse.
Strommenger, Eva. *5000 Years of the Art of Mesopotamia.* New York: Harry N. Abrams, 1964.
Sumer: (coll. Grandes civilisations du passé). Amsterdam: Éditions Time-Life, 1993.
La Terre sainte (coll. Grandes civilisations du passé). Amsterdam: Éditions Time-Life, 1992.
Unger, Eckhard. *Babylon: Die Heilige Stadt Nach der Beschreibung der Babylonier.* Berlin: Walter de Gruyter, 1931.
Ussishkin, David. *The Conquest of Lachish by Sennacherib.* Tel Aviv: Tel Aviv University, 1982.
Von Soden, Wolfram. *The Ancient Orient: An Introduction to the Study of the Ancient Near East.* Trad. de Donald G. Schley. Grand Rapids: William B. Eerdmans, 1994.
Walker, C. B. F. *Reading the Past: Cuneiform.* Berkeley: University of California Press, 1987.
Waterfield, Gordon. *Layard of Nineveh.* New York: Frederick A. Praeger, 1963.
Weiss, Harvey (édit.). *Ebla to Damascus: Art and Archaeology of Ancient Syria.* Washington, D.C.: Smithsonian Institution, 1985.
Wilhelm, Gernot. *The Hurrians.* Trad. de Jennifer Barnes. Warminster, Angleterre: Aris and Phillips, 1989.
Winstone, H. V. F.:
Uncovering the Ancient World. New York: Facts on File, 1985.
Woolley of Ur: The Life of Sir Leonard Woolley. Londres: Secker and Warburg, 1990.
Zettler, Richard L. *Nippur III: Kassite Buildings in Area WC-1* (vol. 3). Chicago: The Oriental Institute of The University of Chicago, 1993.

PÉRIODIQUES:

Armstrong, James A. «West of Edin: Tell al-Deylam and the Babylonian City of Dilbat.» *Biblical Archaeologist,* décembre 1992.
«BARlines.» *Biblical Archaeology Review,* juillet/août 1993.
Biblical Archaeology Review, mars/avril 1984.
British Museum Magazine, hiver 1993.
Collon, Dominique. «Les Trésors de Nimroud.» *Le Monde de la Bible,* juillet/août 1991.
Damerji, Muayad Said. «The Second Treasure of Nimrud.» *Near Eastern Studies,* 1991.
Elmer-DeWitt, Philip. «The Golden Treasures of Nimrud.» *Time,* 30 octobre 1989.
Expedition, été 1981.
Gorelick, Leonard, et A. John Gwinnett:
«The Ancient Near Eastern Cylinder Seal as Social Emblem and Status Symbol.» *Journal of Near Eastern Studies,* janvier 1990.
«Close Work without Magnifying Lenses?» *Expedition,* hiver 1981.
«The Origin and Development of the Ancient Near Eastern Cylinder Seal: A Hypothetical Reconstruction.» *Expedition,* été 1981.
Gwinnett, A. John, et Leonard Gorelick. «The Change from Stone Drills to Copper Drills in Mesopotamia.» *Expedition,* vol. 29, n° 3, 1987.
Moorey, P. R. S. «The Terracotta Plaques from Kish and Hursagkalama, c. 1850 to 1650 B.C.» *Iraq,* vol. 37, automne 1975. Ozguc, Tabsin. «An Assyrian Trading Outpost.» *Scientific American,* février 1963.
Schmandt-Besserat, Denise. «The Origins of Writing: An Archaeologist's Perspective.» *Written Communication,* vol. 3, n° 1, janvier 1986.
Stone, Elizabeth C. «Chariots of the Gods in Old Babylonian Mesopotamia (c. 2000-1600 BC).» *Cambridge Archaeo-*

logical Journal, 1er mars 1993.
Stone, Elizabeth C., et Paul Zimansky. «Mashkan-shapir and the Anatomy of an Old Babylonian City.» *Biblical Archaeologist*, décembre 1992.
Stronach, David, et Stephen Lumsden. «UC Berkeley's Excavations at Nineveh.» *Biblical Archaeologist*, décembre 1992.
Weiss, H., et. al. «The Genesis and Collapse of Third Millennium North Mesopotamian Civilization.» *Science*, 20 août 1993.
Weiss, Harvey. «On the Habur Plains of Syria.» *Biblical Archaeologist*, mars 1985.
Wilford, John Noble. «Ancient Clay Horse Is Found in Syria.» *New York Times*, 3 janvier 1993.

AUTRES SOURCES:

Armstrong, James A., et Margaret Catlin Brandt, «Ancient Dunes at Nippur.» Étude (brouillon), 1994.
Kohlmeyer, Kay, Eva Strommenger, et Hansjörg Schmid. *Babylon Rearisen* Texte de présentation pour l'exposition «Babylon Rearisen», présentée par le National Museum of Prussian Culture. Berlin: Enka Druck, 1991.
Syrie: Mémoire et Civilisation. Catalogue. Nantes: exposition à l'Institut du Monde arabe, du 14 septembre 1993 au 30 avril 1994.
The Westminster Theological Journal, n° 39. Philadelphie: automne 1977.

INDEX

Les chiffres en italique renvoient à une illustration.

N
0
80
160 kilomètres
CHAÎNE DU TAURUS
Euphrate
Ebla
DÉESSE DE MARI
MER MÉDITERRANÉE
DÉSERT
Jérusalem
GUERRIERS ASSYRIENS
Lakish